गोडावण

मोरे अंगना की सोन चिरैया

गोडावण

मोरे अँगना की सोन चिरैया

वाणी
पृथ्वी

जंगल कथा
भाग तीन

कबीर संजय

वाणी
प्रकाशन

प्रकाशन के उत्कृष्टतम 61 वर्ष

vaniprakashan.com

सजिल्द पहला संस्करण : 2024

वाणी प्रकाशन

4695, 21-ए, दरियागंज, नयी दिल्ली-110 002

फ़ोन : +91 11 23273167, 23275710

शाखाएँ

अशोक राजपथ, पटना-800 004, बिहार

कॉफ़ी हाउस कैम्पस, महात्मा गांधी मार्ग, प्रयागराज-211 001, उत्तर प्रदेश

महात्मा गांधी अन्तरराष्ट्रीय हिन्दी विश्वविद्यालय, वर्धा-442 001, महाराष्ट्र

36/ए, शेक्सपियर सरणी, रानी बिरला गर्ल्स कॉलेज के पास, कोलकाता-700 017, प. बंगाल

sales@vaniprakashan.in

vaniprakashan@gmail.com

Godavan : More Angana Ki Son Chiraiya
by Kabeer Sanjay

ISBN : 978-93-5775-330-2
Social Science/Non-Fiction

मूल्य : ₹ 325

जी.एस. ऑफ़सेट, दिल्ली-110 095 में मुद्रित

वाणी प्रकाशन का लोगो मक़बूल फ़िदा हुसेन की कूची से

अनुक्रम

अध्याय : 1

जहाँ डाल-डाल पर सोने की चिड़िया करती है बसेरा...

पता नहीं आपके साथ कितनी दफ़ा ऐसा होता है। पर मेरे साथ तो हमेशा ही ऐसा होता है। जब भी कोई कहानी कहनी होती है, मैं अपने बचपन में चला जाता हूँ। ऐसा लगता है कि वहाँ पर बहुत सारी बातों की छूटी हुई लकीरें अभी मौजूद हैं। उन लकीरों का सिरा पकड़ने की कोशिश करता हूँ तो पता चलता है कि उसके पीछे-पीछे मैं वहाँ तक पहुँच गया हूँ, जहाँ पर आज खड़ा हूँ। मैं उस बात तक पहुँच जाता हूँ, जो मुझे आज कहनी है। बचपन की उन स्मृतियों में न जाने कितने अतीत के पत्थर गड़े हुए हैं, जिन्हें उठाओ तो जानी-अनजानी आवाज़ें बाहर आने लगती हैं। वे बाहर आने को पहले भी बेताब थीं, पर जीवन की कुछ ऐसी आपाधापी रही कि उन पुकारों को अनसुना कर दिया गया।

आज जब सोन चिरैया की कहानी कहने की बारी आयी है तब भी सबसे पहले भटकता हुआ मैं अपने अतीत में ही पहुँच गया हूँ। यहाँ पर मेरे पास सोने की चिड़िया से जुड़ी बहुत सारी यादें हैं। क्या इन्हें सोन चिरैया की यादें कहा जा सकता है। पता नहीं। इसका फ़ैसला आप सब पर है। लेकिन, यह कहने में मुझे कोई हिचक नहीं है कि सोने की चिड़िया एक ऐसा प्रतीक है, जो मुझे हमेशा से ही आकर्षित करता रहा है। बहुत छोटी कक्षाओं में पढ़ाई के दौरान इस बात का ज़िक्र बात-बात पर आता रहा है कि कभी भारत को सोने की चिड़िया कहा जाता था। यहाँ दूध की नदियाँ बहा करती थीं। मैं अपने बचपन में बार-बार लौट जाता हूँ। सोचता हूँ कि आख़िर हमारे देश को सोने की चिड़िया क्यों कहा जाता था।

कहीं ऐसा तो नहीं कि प्राचीन काल में जब व्यापार हमारे पक्ष में था। यानी दुनिया को हमसे व्यापार करने की ज़रूरतें ज़्यादा थीं। हमें उनकी चीज़ें कम चाहिए थीं। लेकिन, हमारी चीज़ों के बिना उनका काम नहीं चलता था। उस समय भारत की समृद्धि के क़िस्से दुनिया के पास पहुँचे हुए थे। हाँ, ज़ाहिर है कि उस समय की दुनिया आज की दुनिया जैसी बड़ी और भीड़भाड़ से भरी हुई नहीं थी। ज़ाहिर है कि किसी भी देश की सीमाएँ भी उस समय आज की तरह पुख़्ता नहीं थीं। उस समय सोने की इस चिड़िया को लूटने का एक लालच दुनिया के दूसरे देशों के राजाओं या शासकों में हुआ करता था। शायद यही लालच था कि जो कि यूनान के एक छोटे से हिस्से में पैदा हुए सिकन्दर को भारत तक ले आया।

बचपन में पढ़ी-सुनी यह कहानी मुझे आज भी अच्छी तरह से याद है कि सिकन्दर और पोरस में लड़ाई हुई। तमाम दाँव-पेंच के बाद जब पोरस हार गया और उसे सिकन्दर के दरबार में पेश किया गया तो सिकन्दर ने पोरस से पूछा कि तुम्हारे साथ कैसा बर्ताव किया जाये। तब पोरस ने जवाब दिया कि जैसा एक राजा दूसरे राजा के साथ करता है। पोरस के इस जवाब से सिकन्दर दंग रह जाता है। वह पोरस के आत्माभिमान से प्रभावित होता है। उसे अपना मित्र बना लेता है। उसका राज्य लौटा देता है।

लेकिन, बात सोने की चिड़िया की है। क्योंकि, कहानी यहाँ पर सोन चिरैया की कहनी है। जब सोने की चिड़िया की बात होती है तो मेरे ज़ेहन में बार-बार यह गाना बजने लगता है। जहाँ डाल-डाल पर सोने की चिड़िया करती है बसेरा, वो भारत देश है मेरा। वर्ष 1965 में आयी फ़िल्म सिकन्दर-ए-आजम में निश्चित तौर पर अपने देश के बारे में एक गर्व की कथा कही गयी है। वाह, ये हमारे देश की पहचान है। यहाँ पर डाल-डाल पर सोने की चिड़िया बसेरा करती है। मेरा देश ऐसा है। ज़ाहिर है कि हम जिस सोन चिरैया की कहानी कहने जा रहे हैं, उसका ज़िक्र यहाँ पर नहीं हो रहा है। फिर भी मैं इन दो प्रतीकों को जोड़कर कुछ कहने की कोशिश करता हूँ।

यूँ तो द ग्रेट इंडियन बस्टर्ड, गोडावण या सोन चिरैया ज़मीन पर रहने वाला पक्षी है। उसे घसियाले और शुष्क मैदान पसन्द है। उसे डाल-डाल पर

बसेरा करना पसन्द नहीं है। घोंसले भी उसके ज़मीन पर ही बनते हैं। अण्डे भी ज़मीन पर ही सेये जाते हैं और बच्चों का पालन-पोषण भी ज़मीन पर ही होता है। लेकिन, डाल-डाल पर व्याप्ति को अगर हम सिर्फ़ पेड़ों से नहीं लें और उसको थोड़ा और विस्तारित करें तो यह कहा जा सकता है कि एक समय सोन चिरैया कुछ इसी तरह से हमारे यहाँ मौजूद थी।

वह भारत के एक बड़े भू-भाग में निवास करती थी। राजस्थान, गुजरात, महाराष्ट्र, कर्नाटक, मध्य प्रदेश, उत्तर प्रदेश, पंजाब, हरियाणा, आन्ध्र प्रदेश के हिस्सों में शुष्क, छोटी झाड़ियों और घास वाले मैदान इसे पसन्द थे। वहाँ पर इसका रहवास हुआ करता था। लेकिन, अलग-अलग कारणों से आज यह पक्षी विलुप्ति की कगार पर पहुँच गया है। जिस पक्षी की मौजूदगी डाल-डाल पर यानी हर कहीं हुआ करती थी, आज उसकी एक झलक पाने के लिए पक्षी विशेषज्ञों को भी कई किलोमीटरों का चक्कर लगाना पड़ता है। आख़िर ऐसा हुआ क्यों। क्यों भारत के सबसे बड़े पक्षियों में शामिल गोडावण को विलुप्ति की कगार पर पहुँचना पड़ा। आख़िर उसकी जीवन यात्रा किन राहों से गुज़री है जो संकट की खाई के किनारे आकर खड़ी हो गयी है। इसके लिए ज़िम्मेदार कौन है। किसने उन्हें यहाँ तक धकेल दिया है।

विशेषज्ञों के अलग-अलग सर्वेक्षण बताते हैं कि इनकी संख्या अब 100-150 के लगभग ही बची हुई है। इस छोटी-सी आबादी का भी ज़्यादातर हिस्सा जैसलमेर और बाड़मेर ज़िले में स्थित राष्ट्रीय मरु उद्यान में मौजूद है। इन्हें बचाने के तमाम प्रयास किये जा रहे हैं। कुछ में सफलता भी हाथ लगी है। लेकिन, संरक्षण की तमाम चुनौतियाँ भी सामने हैं। अभी तक जितना किया गया है, उससे बहुत-बहुत ज़्यादा किये जाने की ज़रूरत जताई जा रही है।

जंगल कथा शृंखला का पहला भाग बिडाल परिवार के एक सदस्य चीता पर केन्द्रित था। कभी भारत के एक बड़े हिस्से में चीते की मौजूदगी और बाद में इसकी विलुप्ति के कारणों की पड़ताल इसमें की गयी थी। यह एक संयोग है कि किताब के प्रकाशन के लगभग दो वर्षों बाद चीता को भारत में एक बार फिर से बसाने की प्रक्रिया शुरू की गयी है। अफ्रीका के नामीबिया और

दक्षिण अफ़्रीका से चीते लाकर मध्य प्रदेश के कूनो नेशनल पार्क में छोड़े गये हैं। अफ़्रीका से लाये गये यह चीते भारत की धरती और जलवायु में ख़ुद को कितना ढाल पायेंगे, वे यहाँ पर बच पायेंगे या मर-खप जायेंगे, क्या उनकी सन्ततियाँ आगे बढ़ेंगी, क्या कभी फिर से ऐसा समय आयेगा जब भारत भूमि में चीते मुक्त विचरण कर सकेंगे। ज़ाहिर है कि इन सब सवालों के जवाब अभी भविष्य को देने हैं। फ़िलहाल तो इस प्रयोग में बहुत सारे विशेषज्ञों की मेधा लगी हुई है और इसे सफल बनाने के प्रयास किये जा रहे हैं। एक प्रजाति के तौर पर चीतों के अस्तित्व के लिए भी यह प्रयोग बेहद महत्त्वपूर्ण माना जा रहा है। क्योंकि, पिछले कुछ सालों में अलग-अलग कारणों से अफ़्रीका में भी चीतों की संख्या तेज़ी से कम हुई है।

जंगल कथा श्रृंखला का दूसरा भाग हम इन्सानों के सबसे क़रीबी रिश्तेदारों में शामिल एक ग्रेट एप ओरांग उटान पर केन्द्रित रही। इसमें ओरांग उटान के जीवन के संघर्षों और संरक्षण के लिए किये जाने वाले प्रयासों और ज़रूरतों को सामने रखने की कोशिश की गयी। दुनिया भर में खाद्य तेलों की बढ़ती माँग के बीच पॉम ऑयल की माँग भी तेज़ी से बढ़ी है। पॉम आयल के उत्पादन पर एकाधिकार क़ायम करने की प्रतियोगिता भी तमाम कारपोरेट कम्पनियों में लगी हुई है। पॉम आयल अफ़्रीकी मूल के एक ख़ास पेड़ से निकाला जाता है जिसे ऑयल पॉम ट्री कहा जाता है। इसकी खेती करने के लिए इंडोनेशिया और मलेशिया के जंगलों को काटा जा रहा है। नष्ट किया जा रहा है। यही जंगल हमारे इस क़रीबी रिश्तेदार की अन्तिम शरण स्थली हैं। वर्षा वनों में बहुत ऊँचाई पर रहने वाले ओरांग उटान का जीवन ख़तरे में है। दैत्याकार कारपोरेट कम्पनियों के लिए उनकी हैसियत फ़सल नष्ट करने वाले कीड़ों से ज़्यादा कुछ नहीं है। वे ओरांग उटान के साथ कुछ इसी प्रकार का बर्ताव भी करते हैं। जंगलों में आग लगा दी जाती है। विशालकाय मशीनें कुछ ही घण्टों में पूरा जंगल साफ़ कर देती हैं। ओरांग उटान मारे जाते हैं। उनके बच्चों को पकड़कर बेच दिया जाता है। मलय भाषा में ओरांग उटान का अर्थ है जंगल में रहने वाला आदमी यानी वह मानव जो जंगलों में रहता है।

लेकिन, आज इस मानव का जीवन संकट में है। मारा जा रहा है। आगे भविष्य क्या होगा। क्या ओरांग उटान की पीढ़ियाँ आगे बची रहेंगी। क्या वे जंगल में उन्मुक्त विचरण कर सकेंगी या फिर उनकी बहुत छोटी और सीमित संख्या सिर्फ़ चिड़ियाघरों में ही देखने के लिए बची होंगी। ज़ाहिर है कि इन सवालों का जवाब भी अभी दिया जाना बाक़ी है।

जंगल कथा श्रृंखला का यह तीसरा हिस्सा सोन चिरैया के बारे में है। भारत के अलग-अलग हिस्सों में पाये जाने के चलते इस पक्षी को जनमानस अलग-अलग नामों से पहचानता रहा है। देश की अलग-अलग भाषाओं में इसके नाम अलग-अलग हैं। किताब में आगे चलकर इन नामों के बारे में जानकारी देने का प्रयास किया जायेगा। कोई एक नाम जिसे सभी विशेषज्ञ इस्तेमाल करते हैं और सभी जगह स्वीकृत है तो वह नाम ग्रेट इंडियन बस्टर्ड है। नाम के पहले प्रथमाक्षरों के चलते इसे संक्षेप में गिब (GIB) भी कहा जाता है। राजस्थान जहाँ आज इसकी बची-खुची ज़्यादातर आबादी निवास करती है, वहाँ पर इसे गोडावण कहा जाता है। राजस्थान का यह राज्यपक्षी भी है। मध्य प्रदेश व कुछ अन्य हिस्सों में इसे सोन चिरैया कहा जाता है। इस किताब में इस पक्षी को आमतौर पर ग्रेट इंडियन बस्टर्ड, गोडावण और सोन चिरैया नाम से बुलाया गया है। इसलिए इन तीन नामों को एक ही समझा जाये।

किताब में हम गोडावण के जीवन और उसके जीवन संघर्षों की पड़ताल करेंगे। उसके ऊपर छाये ख़तरों और संरक्षण के लिए किये जाने वाले प्रयासों की भी जानकारी जुटायेंगे। भारत की बड़ी भूमि पर रहने वाला यह पक्षी कैसे धीरे-धीरे विलुप्ति की कगार पर पहुँच गया, कौन से कारण इसके लिए ज़िम्मेदार रहे हैं, ऐतिहासिक तौर पर कहाँ पर चूकें हुई हैं, आगे क्या होने वाला है, इन सभी सवालों के जवाब तलाशे जायेंगे।

एक किताब को मुकम्मल करने में बहुत सारे लोगों का सहयोग, सुझाव और मेहनत लगी होती है। जंगल कथा के इस तीसरे भाग के लिए मुझे बहुत सारे लोगों का साथ और सहयोग मिला है। सभी लोगों का नाम लेना भी सम्भव नहीं है। लेकिन यह किताब सोहेल मदान, डॉ. वाई वी झाला, सुतीर्था

दत्ता, महेश गुर्जर, इन्द्रानिल पॉल, रिशिका शर्मा, सुजीत नरवड़े, डॉ. फ़ैयाज खुदसर, डॉ. सुमित डूकिया, तुष्णा करकरिया, मोहिब उद्दीन, पार्थ जिगाणी, सुमेर सिंह भाटी, असंगघोष के अमूल्य सहयोग और सुझावों के बिना पूरी नहीं होती। डॉ. असद रहमानी द्वारा ग्रेट इंडियन बस्टर्ड पर किये गये विशेष अध्ययनों ने पक्षी के बारे में एक समग्र सोच बनाने में बहुत मदद की। सभी का बहुत दिल से आभार।

दोस्तो, पक्षियों ने हम इन्सानों के अन्दर भी उड़ने के ख़्वाब बोये हैं। हम हमेशा ही उन्हें उम्मीद और ज़िन्दगी की उड़ान की तरह देखते रहे हैं। उनकी उड़ान हमें अपनी ज़िन्दगी की निराशाओं और हताशाओं से निपटकर खड़े होने का हौसला देती रही है। पक्षियों के गीत हमारे जीवन की सुर-ताल बनते रहे हैं। उनके पंखों के रंग हमारी हरसतों में रंग भरते रहे हैं। गोडावण भी ऐसा ही एक पक्षी है, जो कभी हमारे जीवन में कुछ इसी तरह से रंग भरता रहा है। जब वो नहीं रहेगा तब ज़ाहिर है कि हमारे जीवन का भी कोई हिस्सा ख़ाली रह जायेगा। यह ख़ाली जगह हमें बार-बार उसके होने की याद दिलायेगी। इसलिए अब भी समय है कि हम सब इस पक्षी के बारे में ज़्यादा से ज़्यादा जानें। उसके संरक्षण के लिए किये जाने वाले प्रयासों के सहभागी बनें। यह किताब इसी दिशा में उठाया गया एक क़दम है। अब यह कोई कहने की बात नहीं है कि इसे अपने जैसे तमाम हमराहियों की तलाश है।

क्या आप इस पथ पर साथ चलने के लिए तैयार हैं!!!

अध्याय : 2

अब के हम बिछड़े तो शायद कभी ख़्वाबों में मिलें...

मशहूर शायर अहमद फ़राज़ की ग़ज़ल का यह शेर है...अब के हम बिछड़े तो शायद कभी ख़्वाबों में मिलें, जिस तरह सूखे हुए फूल किताबों में मिले।

हम जानते हैं कि किताबों में जब सूखे हुए फूल मिलते हैं तो वे कितना फूल रह जाते हैं। वे फूलों की बस स्मृतियाँ रह जाती हैं। उन फूलों की एक झलक भर रह जाती हैं। अम्बर्तो ईको के मशहूर उपन्यास 'ख़ाली नाम गुलाब का' के जैसे। कल का गुलाब अब केवल अपने नाम में ही बचा रहता है। उसकी गुलाबियत समाप्त हो जाती है। बस नाम रह जाता है। सूखे हुए फूल किताबों में कुछ इसी तरह से मिलते हैं।

गोडावण की कहानी लिखते हुए बार-बार मेरे ज़ेहन में यह पंक्तियाँ आकर बस जाती हैं। यह सच है कि गोडावण को बचाने के लिए किये जाने वाले प्रयास अगर कामयाब नहीं होते हैं, अगर यह पक्षी हमसे अबके बिछड़ता है तो फिर हमें यह ख़्वाबों में ही मिलेगा। इसकी तस्वीरें होंगी, इसके बारे में बातें होंगी, इसके बारे में बनाये गये सैकड़ों-हज़ारों छोटे-बड़े वृत्तचित्र होंगे। लेकिन यह पक्षी ख़ुद नहीं होगा। क्योंकि, यह भारत की स्थानीय प्रजाति है। कहीं और नहीं पायी जाती। चीते भारत से विलुप्त हो गये। लेकिन, अफ़्रीका में वे बचे रहे। इसलिए उन्हें वहाँ देखा जा सकता था। लेकिन, सोन चिरैया की यह इकलौती भूमि है। यहाँ पर नहीं बचने का मतलब इस धरती से उनका पूरी तरह से विलुप्त होना ही है।

इस बात की अहमियत आम लोगों ने भी समझनी शुरू कर दी है। राजस्थान के ख़ासतौर पर जैसलमेर तक पहुँच रखने वाले ज़्यादातर हिन्दी दैनिक अख़बारों में अप्रैल 2022 में एक ख़ास रिपोर्ट प्रकाशित की गयी है। इस रिपोर्ट में एक गोडावण की याद को सँजोने की ख़बर है। रिपोर्ट बताती है कि जैसलमेर ज़िले के रासला गाँव के पास स्थित देगराय मन्दिर के पास एक अनूठे स्मारक को स्थापित किया गया है। यहाँ पर लगभग चार फुट की ऊँचाई वाली गोडावण की मूर्ति लगायी गयी है। वर्ष 2020 के सितम्बर महीने में यहाँ पर हाई टेंशन लाइन की चपेट में आने के चलते एक मादा गोडावण की मौत हो गयी थी। सम्भवत: वह देगराय ओरण की अन्तिम मादा गोडावण थी। इस गोडावण की याद में लोगों ने इस स्मारक को स्थापित किया है।

अख़बारों की ख़बरें बताती हैं कि गोडावण के संरक्षण और उसकी याद को अपने ज़ेहन में बसाये रखने के लिए स्थानीय लोगों ने भरपूर साझीदारी की है। आम लोगों की आर्थिक मदद से इस स्मारक को तैयार किया गया है। इसमें स्थानीय लोगों, पर्यावरण प्रेमियों और चरवाहों ने मदद की। ऊँचे प्लेटफार्म पर लगायी गयी यह मूर्ति दूर से ही दिखाई पड़ती है। इसकी स्मृति पट्टिका पर लिखा है कि 16 सितम्बर 2020 को यहाँ देगराय माता मन्दिर के पास हाई टेंशन तारों से टकराकर एक मादा गोडावण की मौत हुई। यह स्मारक उसी पक्षी की स्मृति में बनाया गया है।

स्मारकों के ज़रिये हम अपनी स्मृतियों को बचाये रखने का काम करते हैं। यह पक्षी विलुप्त होने की कगार पर है। जब यह नहीं होगा तब स्मृतियों के इन्हीं निशानों के ज़रिये उन्हें याद किया जायेगा। सम्भवत: गोडावण पक्षी का यह पहला स्मारक है जिसे स्थापित किया गया है। यह स्मारक जहाँ एक तरफ़ तो इस पक्षी की मौजूदगी की गवाही देता है, वहीं उस पर छाये संकट की तरफ़ भी आगाह करता है। हाई टेंशन लाइन गोडावणों की जान ले रहे हैं। किसी प्रजाति की संख्या जब बेहद कम होती है और वह विलुप्ति के ख़तरे का सामना कर रहा होता है, तब उस प्रजाति के एक-एक सदस्य की जान बेहद क़ीमती होती है। ऐसे में इस मादा गोडावण की मौत पूरी प्रजाति के लिए कितनी भारी पड़ी होगी, इसे समझा जा सकता है। आइए, इस पक्षी को थोड़ा बेहतर तरीक़े से समझने का प्रयास करें। इससे थोड़ा दोस्ती बढ़ायें। इसको जानें।

विशालकाय शरीर और ख़ूबसूरत उड़ान

हम जानते हैं कि ऑस्ट्रिच या शुतुरमुर्ग दुनिया का सबसे बड़ा पक्षी होता है। यह मूल रूप से अफ्रीका के शुष्क और रेगिस्तानी इलाक़ों में रहता है। हालाँकि आज के दिन में दुनिया के कई हिस्सों में इसे पाला भी जाने लगा है। लम्बे पैर और लम्बी गर्दन। ये नौ फुट तक ऊँचाई वाले हो सकते हैं और इनका वज़न सवा सौ किलो से ज़्यादा तक का हो सकता है। शुतुरमुर्ग के अण्डे दुनिया के सभी पक्षियों में सबसे बड़े होते हैं। यह विशालकाय पक्षी रेगिस्तानी और शुष्क इलाक़ों में दूर से ही दिखाई दे जाता है। आकार इसका इतना बड़ा होता है कि बहुत ही कम शिकारी इसका शिकार करने की जुगत लगाते हैं। हालाँकि, इस विशालकाय शरीर का एक दूसरा भी पहलू है। शुतुरमुर्ग उड़ नहीं सकता है। हालाँकि, न उड़ पाने की कमी यह तेज़ दौड़ लगाकर पूरा कर लेता है। शुतुरमुर्ग 70 किलोमीटर प्रति घण्टे की रफ़्तार से दौड़ लगा सकता है। कोई भी ख़तरा देखकर यह तेज़ भागकर उससे दूर चला जाता है। मुक़ाबले के लिए इसके पास अपनी लम्बी-लम्बी लातें भी हैं। जिन्हें आक्रमणकारी के ऊपर जमाकर वो उसे घायल और ख़ुद से दूर कर देता है।

लेकिन पक्षियों को जिस ख़ासियत के चलते सबसे ज़्यादा पहचाना जाता है, यानी उड़ान भरना। वो इसके पास नहीं होती है। सूखे, घसियाले मैदानों में दो पैरों पर दौड़ते शुतुरमुर्ग की चाल अलग, अनूठी और थोड़ी बेढंगी भी लगती है।

ग्रेट इंडियन बस्टर्ड भारत का सबसे बड़ा पक्षी है। हालाँकि शुतुरमुर्ग की तुलना में यह बहुत छोटा होता है। लेकिन, एक पक्षी के आकार-प्रकार के हिसाब से अगर देखा जाये तो इसके विशाल आकार को समझा जा सकता है। लम्बे पैर और लम्बी गर्दन। शुष्क रेतीले मैदानों में इसे दूर से ही देखा जा सकता है। इसकी ऊँचाई चार फुट या 1.2 मीटर तक हो सकती है। जबकि इसका वज़न 18 किलो तक हो सकता है। यह उन पक्षियों में शामिल है, जिनमें सेक्सुअल डिमार्फिज्म यानी यौन द्विरूपता स्पष्ट देखने को मिलती है। यानी नर और मादा के शरीर में स्पष्ट और ज़ाहिर अन्तर होता है, जिसे दूर से देखकर अलग-अलग पहचाना जा सकता है। नर ग्रेट इंडियन बस्टर्ड की तुलना में मादा

का आकार छोटा होता है। नर के गले पर काले रंग का कण्ठा या बैंड होता है जो कि मोटे गले के हार जैसा दिखाई देता है। मादा के गले पर यह हार या तो मौजूद नहीं होता है या फिर हार अधूरा, बीच से टूटा या अस्पष्ट बना होता है। इस बैंड को देखकर भी उसे दूर से पहचाना जा सकता है।

पंख इनके भूरे या सुनहरे रंग के होते हैं। जबकि, सिर पर एक काली टोपी होती है। जिसके कुछ बाल उड़ते हुए दिखाई पड़ते हैं। जिसे इस पक्षी का मुकुट या क्राउन भी कहा जा सकता है। नर का यह क्राउन ज़्यादा स्पष्ट होता है। यूँ तो सिर से पूँछ तक की लम्बाई अगर देखी जाये तो मोर की लम्बाई सबसे ज़्यादा दिखाई पड़ेगी। इस आधार पर भारत का सबसे बड़ा पक्षी मोर को करार दिया जा सकता है। जबकि, अगर केवल ऊँचाई की बात करें तो सारस क्रेन पक्षी की ऊँचाई सबसे ज़्यादा होती है। सारस क्रेन की ऊँचाई 1.8 मीटर तक हो सकती है। लेकिन, वज़न इनका पाँच से दस किलो तक का होता है। इसलिए अगर लम्बाई और वज़न दोनों के ही आधार पर देखा जाये तो गोडावण भारत का सबसे बड़ा पक्षी माना जा सकता है।

ऊँची गर्दन, लम्बे पैरों और बड़े आकार के चलते अक्सर ही लोकप्रिय अन्दाज़ में इसे भारत का शुतुरमुर्ग भीं कहा जाता है। हालाँकि शुतुरमुर्ग की तुलना में यह पक्षी कुछ दूसरी अनूठी ख़ासियतों वाला होता है। पक्षियों का आकार बड़ा हो जाने पर उन्हें उड़ने में भी मुश्किलें आने लगती हैं। लेकिन गोडावण सबसे बड़े आकार वाले ऐसे पक्षियों में शामिल हैं जो कि उड़ भी सकते हैं। आमतौर पर यह छोटी-छोटी दूरी की उड़ानें भरता है। लेकिन ज़रूरत पड़ने पर कम दूरी वाली लम्बी उड़ानें भी यह पक्षी भर सकता है।

गोडावण आमतौर पर बेहद शर्मीला और सजग पक्षी होता है। किसी भी ख़तरे से दूरी बनाये रखना इसे पसन्द होता है। इन्सानों के भी क़रीब रहना इसे पसन्द नहीं है। किसी ख़तरे या इन्सान को क़रीब आते देखकर यह तुरन्त ही उससे दूर जाने लगता है। अगर ख़तरा तेज़ी से इसकी तरफ़ आ रहा है तो यह एक उड़ान भरकर उससे दूर चला जाता है। इसे ज़्यादा शोर-शराबा पसन्द नहीं है। इसलिए भी यह इन्सानी बस्तियों से और शहरों से दूर रहने का प्रयास करता है।

सामाजिक व्यवहार और प्रणय निवेदन

पक्षियों में प्रणय निवेदन उनके जीवन के लिए बेहद महत्त्वपूर्ण होते हैं। मादा को रिझाने के लिए नर को कुछ ऐसा करना होता है, जिससे कि वो उसके पास चली आये। इसके लिए उन्हें अलग-अलग क़िस्म के जतन करने पड़ते हैं। मादाएँ अपना साथी बहुत सोच-समझकर चुनती हैं। इसलिए अगर साथी चाहिए तो अपने आपको औरों से बेहतर साबित करना होगा।

अगर कभी आप किसी ऐसे पेड़ के पास से गुज़रें जहाँ पर बया पक्षियों के ढेर सारे घोंसले हों तो आपको ग़ौर करना चाहिए कि वहाँ पर बहुत सारे पूरे बने हुए घोंसलों के साथ कुछ ऐसे घोंसले भी हैं, जिन्हें पूरा नहीं बनाया गया। जिन्हें बनाने की शुरुआत तो की गयी लेकिन बीच में ही अधूरा छोड़ दिया गया। वे आधे-अधूरे घोंसले वैसे ही लटके रहते हैं। दरअसल, नर बया घोंसला बनाने की अपनी कारीगरी से मादा को लुभाता है। वह एक घोंसला बनाने की शुरुआत करता है। इसके लिए वह सुरक्षित जगह का चुनाव करता है। अक्सर ही बया की कॉलोनी किसी ऊँचे पॉम पेड़, दूसरे पेड़ों की सुरक्षित डालियों या पानी के ऊपर झूल रही पेड़ों की डालियों पर लटके हुए होते हैं। जहाँ पर ऐसी जगहें नहीं होती हैं वहाँ पर भी उन्हें ऐसा बनाने का प्रयास किया जाता है कि वे ज़्यादा से ज़्यादा सुरक्षित रहें।

नर बया बहुत जतन से सरपत या ऊँची घासों का एक-एक रेशा काटकर लाता है और उससे घोंसला बनाने की शुरुआत करता है। एक दिन में उसे कई-कई बार रेशा काटने जाना पड़ता है फिर उसके ज़रिये घोंसले की बिनाई करनी पड़ती है, उसे बाँधना पड़ता है। घोंसला आधा बनने के बाद वह मादा को दिखाने के लिए ले आता है। मादा उसकी कारीगरी की पूरी देख-परख करती है। मादा को ही उसमें अण्डे देना है। उसमें रहना है। अण्डों को सेना है। इसलिए उसे पूरी सुरक्षा चाहिए। अगर उसे कोई नुक्स नज़र आता है तो वो उस घोंसले को ख़ारिज कर देती है। इसके बाद नर बया भी उस पर मेहनत नहीं करता है। वह दूसरा घोंसला बनाने में जुट जाता है। बया पक्षी में नर की कामयाबी का राज उसकी कारीगरी के हुनर में छिपा हुआ है। अगर अच्छा घर नहीं बनाओगे तो महबूबा नहीं मिलेगी।

जबकि कुछ दूसरे पक्षी मादा को रिझाने के लिए दूसरे तरीक़े अपनाते हैं। मोर का नाचना किसे नहीं लुभा सकता है। मोर जब अपनी पूँछ को पलटकर उसे किसी मुकुट की तरह अपने चारों तरफ़ फैलाकर अपने शरीर को हल्की-हल्की सी थिरकन देता है तो यह दृश्य देखने वाला होता है।

ग्रेट इंडियन बस्टर्ड में भी मादा को रिझाने के लिए कुछ इससे मिलता-जुलता ही व्यवहार देखने को मिलता है। आमतौर पर नर गोडावण चार-पाँच के समूहों में रहते हैं। जबकि, मादाएँ अलग रहती हैं। लेकिन, प्रजनन के काल में नरों के बीच की यह दोस्ती टूट जाती है। वे अलग हो जाते हैं और अपना-अपना एक क्षेत्र चुन लेते हैं। वहीं पर मौजूद रहकर वे मादा को आकर्षित करने की कोशिश करते हैं। किसी अच्छी जगह के लिए नर गोडावणों में मुक़ाबला भी हो सकता है। प्रजनन अधिकार हासिल करने के लिए नर गोडावणों में लड़ाइयाँ भी होती हैं। हालाँकि, ये लड़ाइयाँ इतनी हिंसक नहीं होतीं कि जानलेवा हो जायें। नर एक-दूसरे पर उछल-उछल कर हमला करते हैं और प्रतिद्वन्द्वी की गर्दन को नीचे झुकाने का प्रयास करते हैं। इसके अलावा वो तेज़ आवाज़ भी निकालते हैं ताकि उसका प्रतिद्वन्द्वी उसके क्षेत्र से दूर रहे।

नर गोडावण के गले में एक प्रकार का गूलर पैच होता है। यह एक थैली जैसी होती है। प्रजनन काल में यह थैली और भी ज़्यादा उभर आती है और लटक जाती है। इसके चलते प्रजनन काल के दौरान वे तेज़ गूँजती हुई आवाज़ निकालते हैं। जिसे दूर से ही सुना जा सकता है। मादा आमतौर पर एकाकी होती है। प्रजनन काल मार्च से लेकर सितम्बर महीने तक चलता है। नर की तेज़ गूँजती हुई आवाज़ सुनने के बाद और उसके इलाक़े को देखने के बाद मादा नर के साथ कुछ दिनों के लिए जोड़ा बनाती है। यह जोड़ा जीवन भर के लिए नहीं होता है। बस प्रजनन काल तक ही चलता है। मिलन के बाद नर वहाँ से चला जाता है। हो सकता है कि इसके बाद वो किसी और मादा को आकर्षित कर ले और उसके साथ भी कुछ दिनों का जोड़ा बनाये।

मादा आमतौर पर एक या दो अण्डे देती है। लगभग तीस दिन तक अण्डा सेने के बाद उसमें से बच्चा निकलता है। अण्डे से निकलने के बाद बच्चा लगभग तीस-पैंतीस दिनों तक अपनी माँ पर पूरी तरह निर्भर रहता है।

मादा गोडावण ही उसका पोषण करती है। खाना ढूँढ़ने में मदद करती है। बाद में वह ख़ुद अपना खाना ढूँढ़ने लगता है। अण्डे से निकला हुआ बच्चा अगर मादा है तो वह अगला मानसून सीजन आने तक अपनी माँ से अलग होकर अपना स्वतन्त्र जीवन की शुरुआत करेगी। लेकिन नर बच्चा अपनी माँ के साथ चार-पाँच साल तक भी रह सकता है। आमतौर वे तब तक अपनी माँ के साथ ही रहते हैं जब तक कि उन्हें अपने जैसे नरों का कोई एक समूह नहीं मिल जाता है। नरों का समूह मिल जाने के बाद वे अपनी माँ को छोड़ देते हैं और अपना स्वतन्त्र जीवन बिताने के लिए उस समूह में चले जाते हैं।

सर्वाहारी होते हैं गोडावण

खाने के मामले में गोडावण बहुत ज़्यादा लचीले होते हैं। भारत के बड़े भूभाग पर लाखों सालों तक उनके अस्तित्व के बचे रहने के पीछे यह भी एक कारण है। ये पक्षी सर्वाहारी होते हैं। आमतौर पर ये टिड्डा, झिंगुर, बुश क्रिकेट, बीटल्स, मेढक, छिपकलियों आदि को खाते हैं। स्पाइनी टेल लिजार्ड भी इनके शिकार बनते हैं। चूहे जैसे छोटे स्तनपायी जीव भी ये खा सकते हैं। साँप जैसा सरीसृप भी इसकी आहार सूची में शामिल है। इसके साथ ही यह बेर के फल, मूँगफली, अनार, बाजरा, जौ आदि को भी खाता है।

गोडावण को किसानों का मित्र कहा जाता है क्योंकि ये कीटों को बड़ी संख्या में खाते हैं और उनकी तादाद पर लगाम लगाते हैं। ख़ासतौर पर टिड्डी दलों की तादाद को कम करने में इनका योगदान रहता है। गोडावण अपने बच्चों की पैदाइश के लिए आमतौर पर मानसून का सीजन ही चुनते हैं। उनका प्रजनन काल मार्च से सितम्बर तक चलता है। बच्चे मानसून के दौरान अण्डों से बाहर निकलते हैं। क्योंकि इस समय कीटों की भरमार होती है। टिड्डी दलों के हमले कभी बेहद घातक हुआ करते रहे होंगे। करोड़ों टिड्डियों का झुण्ड जब एक साथ आसमान में उड़ता है तो किसी बादल जैसा भी प्रतीत हो सकता है। वे सारी हरियाली चट कर जाते हैं। पेड़ों के पत्तों को साफ़ कर देते हैं। उनके हमलों की चपेट में आने के बाद पूरी फ़सल तबाह हो जाती है।

अभी हाल ही में वर्ष 2020 के जून महीने में भी टिड्डी दलों के ऐसे ही हमले की एक बानगी दिखाई पड़ी थी। इस वर्ष टिड्डी दलों के झुण्ड गुड़गाँव

जैसे शहर तक पहुँच गये थे। हर जगह इनकी मौजूदगी से एक घबराहट फैल गयी थी। गुड़गाँव पहुँचने और बाद में भी उन्होंने कई जगहों पर फ़सलों को तबाह कर दिया। समझा जा सकता है कि ऐसे में इस तरह के कीटों की संख्या को नियन्त्रित करने वाले गोडावण जैसे पक्षियों की भूमिका कितनी महत्त्वपूर्ण हो जाती है। गोडावण पक्षी को भी भरपूर मात्रा में कीटों की मौजूदगी से बहुत लाभ होता है। जून 2020 में हुए टिड्डी दलों के हमलों के बाद गोडावण को भरपूर आहार मिलने की बात कही गयी थी। इसका प्रभाव उनके प्रजनन और अण्डे देने पर भी पड़ने की बात विशेषज्ञों ने दर्ज की।

ज़मीन पर ही होता है घोंसला

ग्रेट इंडियन बस्टर्ड उन पक्षियों में शामिल है जो ज़मीन पर ही अपना घोंसला बनाते हैं। मिलन के बाद जब नर अपने रास्ते चला जाता है और मादा को अण्डे देने होते हैं तो वह ज़मीन पर ही कोई अच्छी-सी जगह को घोंसले के लिए चुन लेती है। इस घोंसले को बनाने में कोई ख़ास कारीगरी नहीं की जाती है। बस आने जाने वाले रास्ते से उसे दूर रखकर जहाँ पर ज़मीन में थोड़ी ढलावदार तश्तरी जैसी जगह होती है, उसे ही घोंसले के तौर पर इस्तेमाल किया जाता है। इसी में मादा एक या दो अण्डे देती है और उसमें से बच्चे निकल आने तक उसे सेती है।

ज़मीन पर अण्डे होने के चलते उसके ख़तरे में पड़ने की आशंका बहुत ज़्यादा होती है। इसके बचाव के लिए भी पक्षियों को अलग-अलग रणनीतियाँ अख़्तियार करनी पड़ती हैं। टिटिहरी पक्षी भी ज़मीन पर अण्डे देता है। लेकिन, जब उसे लगता है कि कोई उसके अण्डे के क़रीब पहुँच गया है या पहुँचने वाला है तो वह अपने घोंसले वाली जगह से थोड़ी दूरी पर जाकर ज़ोर-ज़ोर से आवाज़ करती है। घबराहट प्रदर्शित करती है। कुछ इस तरह का दिखावा करती है कि जैसे कि उसका घोंसला वहाँ पर हो। उसकी घबराहट भरी आवाज़ को सुनने वाला भी यह सोचता है कि उसका घोंसला वहीं पर है जहाँ पर जाकर वो आवाज़ करती है। इससे उसका ध्यान बँट जाता है और वह उस जगह पहुँच जाता है। इस तरह से घबराहट का दिखावा करते हुए टिटिहरी ख़तरे को अपने घोंसले की वास्तविक जगह से दूर ले जाती है। कुछ पक्षी विशेषज्ञों का

मानना है कि सोन चिरैया भी अपने घोंसले से दूर रखने के लिए कुछ इससे मिलती-जुलती रणनीति अपनाती है। वो इस तरह से जिगजैग करते हुए दौड़ लगाती है कि घोंसले के पास पहुँचने वाले ख़तरे का ध्यान भटक जाता है और वह घोंसले की वास्तविक जगह से दूर पहुँचने लगता है। हालाँकि, हर बार यह रणनीति कामयाब हो यह ज़रूरी नहीं है।

ये पक्षी ज़मीन पर ही रहते और सोते भी हैं। ज़मीन पर ही घोंसला और अण्डा होने के चलते ख़तरा कभी भी उनसे बहुत दूर नहीं जाता है। हालाँकि, वे ख़तरे को अपने से दूर रखने का प्रयास करते हैं और उसे चकमा देने का पूरा प्रयास करते हैं।

आमतौर पर गोडावण सुबह और शाम के समय खाना ढूँढ़ने का काम करते हैं। जबकि, दिन के समय आराम करते हैं। सुबह खाने के बाद वे पानी के स्रोत पर पानी की तरफ़ जाते हैं। पानी पीने के बाद वे किसी झाड़ीदार जगह पर या पेड़ के नीचे दोपहर का वक़्त बिताते हैं। दोपहर बाद जब धूप कमज़ोर होने लगती है तब वे फिर से ज़्यादा सक्रिय हो जाते हैं। वे अपने पर्यावास में बेहद कामयाबी से ढले हुए होते हैं। मरुस्थली धरती जाड़े के मौसम में बहुत ज़्यादा ठण्डी होती है, जबकि गर्मियों में यहाँ पर बहुत ज़्यादा गर्मी होती है। लेकिन यह पक्षी इन दोनों ही मौसमों में अपना अस्तित्व बचाने के लिए कामयाब रहता है।

क्यों एक ही अण्डा देते हैं गोडावण

किसी भी प्रजाति के अस्तित्व के लिए प्रजनन सबसे महत्त्वपूर्ण है। क्योंकि, इसी से सन्ततियों की निरन्तरता और उनका भविष्य सुनिश्चित होता है। ऐसे में क्या यह प्रश्न स्वाभाविक नहीं है कि क्यों कुछ प्रजातियाँ लाखों की तादाद में बच्चे पैदा करती हैं और कुछ प्रजातियाँ ऐसी हैं जो नाम मात्र की ही सन्तानें पैदा करती हैं।

मछलियाँ एक बार में लाखों अण्डे देती हैं। जबकि, गोडावण या सोन चिरैया एक बार में सिर्फ़ एक या दो अण्डे देते हैं। सन्तानों की कम और ज़्यादा सन्तानों को पैदा करने की अपनायी गयी प्रजातियों की इस रणनीति को 'आर सलेक्शन' या 'के सलेक्शन' कहा जाता है। प्रकृति में आख़िर कैसे

धीरे-धीरे कोई एक प्रजाति आर सलेक्शन तो कोई दूसरी प्रजाति के सलेक्शन को अपनाती है।

सालमन मछलियाँ एटलांटिक महासागर में रहती हैं। लेकिन, अण्डे देने के लिए हज़ारों ख़तरों का सामना करते हुए वे समुद्रों और नदी में हज़ारों किलोमीटर की यात्रा करते हुए उन्हीं स्थानों पर वापस पहुँचती हैं जहाँ पर उनका जन्म हुआ होता है। वहाँ पर पहुँचकर वे एक साथ लाखों-करोड़ों अण्डे देती हैं। और ऐसा करने वाली मछलियों की संख्या भी हज़ारों-लाखों में होती है। यानी पूरी नदी उन मछलियों के अण्डों से भर जाती है। अपना पूरा जीवन समुद्रों में बिताने वाले समुद्री कछुए अण्डा देने के लिए समुद्र तटों पर पहुँच जाते हैं। वे हज़ारों लाखों की संख्या में होते हैं। हर कछुआ अपने घोंसले में सौ के लगभग अण्डा देता है। जब उन अण्डों में से बच्चे निकलते हैं तो पूरा समुद्री तट कछुओं के बच्चों से भर जाता है।

अण्डे देने के बाद कछुए निश्चिन्त होकर समुद्र में वापस लौट जाते हैं। अण्डे से बाहर आने के बाद कछुओं के छोटे-छोटे बच्चों को ज़िन्दगी की सबसे पहली और सबसे ज़रूरी रेस लगानी पड़ती है। उन्हें समुद्र तक पहुँचना होता है। जो कि उनसे कुछ ही क़दमों की दूरी पर मौजूद होता है। उन्हें खारे पानी की सुगन्ध आती होती है। वे उसी दिशा में मुँह उठाकर अपने छोटे-छोटे फ्लिपर के सहारे दौड़ने लगते हैं। लेकिन उनमें से ज़्यादातर किसी न किसी का निवाला बन जाते हैं। कोई पक्षी उनकी ताक में बैठा उन्हें खा रहा होता है। कछुए के बहुत ही कम बच्चे समुद्र तक पहुँच पाते हैं। समुद्र में पहुँचने के बाद भी चौतरफ़ा ख़तरे उनके सामने बने रहते हैं। कछुए के बहुत ही कम बच्चे बालिग होने तक ज़िन्दा बचे रहते हैं। लेकिन बच्चे तादाद में इतने ज़्यादा होते हैं कि उनकी कुछ न कुछ संख्या तो फिर भी बची ही होती है।

कुछ विशेषज्ञ इसी को अपना अस्तित्व क़ायम करने के लिए प्रजातियों द्वारा अपनायी जाने वाली आर सलेक्शन रणनीति कहते हैं। इसमें प्रजातियाँ इतनी ज़्यादा तादाद में अण्डे या बच्चे देती हैं कि उनकी कुछ न कुछ संख्या बची ही रहती है। माना जाता है कि जब बच्चों के बचने की सम्भावना कम हो, पर्यावास में ख़तरे बहुत ज़्यादा हों, पर्यावास अनिश्चित हो तब प्रजातियाँ इस तरह की प्रजनन रणनीति अपनाती हैं। इसमें वे ख़ुद अपने बच्चों की बहुत

देखभाल नहीं करती हैं। फिर भी तादाद बहुत ज़्यादा होने के चलते उनकी आने वाली सन्ततियों की निरन्तरता सुनिश्चित हो जाती है।

प्रकृति में अगर हम देखेंगे तो इस तरह के आर सलेक्शन तकनीक वाली बहुत सारी प्रजातियाँ दिखाई पड़ेंगी। इसमें मछलियाँ भी हैं, सरीसृप भी हैं, पक्षी भी हैं और स्तनपायी जानवर भी हैं। साँप और छिपकलियाँ भी ढेरों अण्डे देते हैं। बिल्लियाँ और खरगोश भी तुलनात्मक तौर पर ढेरों बच्चे देते हैं। मनुष्यों के बहुत ज़्यादा हस्तक्षेप के चलते विकसित हुई मुर्गियाँ साल भर में दो-ढाई सौ तक अण्डे देती हैं। हालाँकि, जंगल में वे साल भर में दस से पन्द्रह अण्डे ही देती हैं।

इसकी तुलना में कुछ प्रजातियाँ ऐसी हैं, जिनमें प्रजनन की गति धीमी और सुनिश्चित होती है। उनमें लम्बा गर्भकाल होता है और बच्चे धीरे-धीरे परिपक्व या बालिग होते हैं। अभिभावक उन्हें धीरे-धीरे जीवन जीने की सभी रणनीतियों में पारंगत बनाते हैं। तब कहीं जाकर वे स्वतन्त्र तौर पर अपना जीवन बिताने में सक्षम होते हैं। इसके चलते बच्चे बहुत ज़्यादा समय तक अपनी माँ के साथ रहते हैं। माना जाता है कि मनुष्यों के बाद ओरांग उटान के बच्चे सबसे ज़्यादा समय तक अपनी माँ के पास रहते हैं। माँ सात से लेकर ग्यारह साल तक उनकी देखभाल कर सकती है। इसके चलते ओरांग उटान मादा की प्रजनन की गति भी धीमी होती है।

इसकी तुलना अगर चूहों और बिल्लियों से करें तो प्रजनन की यह गति और भी धीमी लगेगी। लेकिन, प्रजनन की इस धीमी गति के बावजूद ओरांग उटान लाखों सालों तक अपना जीवन बचाने में सक्षम बने रहे। उनकी सन्ततियों की निरन्तरता बनी रही। उन्होंने जंगल की ऊपरी मंज़िल पर रहने के लिए ख़ुद को अनुकूल बनाया। हालाँकि, अब मानव निर्मित कारकों के चलते उनके अस्तित्व पर बड़ा ख़तरा मँडरा रहा है। लेकिन प्राकृतिक तौर पर हुए उनके विकास ने और प्रजनन की उनकी के सलेक्शन रणनीति ने कहीं से भी उन्हें धोखा नहीं दिया।

गोडावण भी कुछ इसी तरह के सलेक्शन रणनीति अपनाने वाला पक्षी है। आमतौर पर यह साल में एक या दो अण्डे दिया करता है। अण्डे को सेने के

बाद लगभग तीस दिनों बाद बच्चा उसमें से निकल आता है। लेकिन, मादा गोडावण अपने बच्चे की पूरी देखभाल करती है। उसे जीवन जीने के सारे हुनर सिखाये जाते हैं। पूरी तरह से पारंगत होने के बाद ही वह अपना जीवन ख़ुद बिताने के लिए निकलता है। उसके पहले उसका हर क़दम अपने अभिभावक जो कि उसकी माँ होती है कि निगरानी में ही उठाया जाता है। धीमे-धीमे बड़ा होने वाला गोडावण पक्षी लम्बी ज़िन्दगी जीता है।

प्राकृतिक तौर पर गोडावण के दुश्मन बेहद कम हैं। एक वयस्क गोडावण का शिकार भेड़िया जैसे बड़े जानवर ही कर सकते हैं। अपने प्राकृतिक दुश्मनों के लिए अपनायी जाने वाली बचाव रणनीतियों के चलते वे भी इनका शिकार बहुत मुश्किल से कर पाते हैं। हालाँकि छोटे बच्चों और ज़मीन बनाये घोंसले में मौजूद अण्डों पर ख़तरा मँडराता रहता है। लेकिन एक बार बच्चे इस क़ाबिल हो गये कि वे अपना जीवन ख़ुद से व्यतीत कर सकें तो उनके बचे रहने की सम्भावना प्राकृतिक तौर पर बहुत ज़्यादा हो जाती है। ऐसे में अगर हज़ारों साल के जैव विकास को देखें तो गोडावण द्वारा अपनायी गयी के सलेक्शन रणनीति बेहद कामयाब रही है। हालाँकि आज उनकी प्रजाति पर छाये संकट के चलते कम अण्डे देना भी उनकी प्रजाति के सिकुड़ते जाने का बड़ा कारण बन गयी है। ऐसा कैसे हुआ कि हज़ारों साल के जैव विकास में किसी प्रजाति द्वारा विकसित की गयी के सलेक्शन प्रजनन की सफल तकनीक हमारे आज के दौर में असफल साबित होने लगी है, इस पर हम अगले अध्याय में विचार करेंगे।

फ़िलहाल तो यहाँ पर हमें यह समझने की ज़रूरत है कि पोषण और प्रजनन किसी भी जीवित प्राणी की सबसे मूलभूत क्रिया है। वे अपने शरीर के लिए कुछ पोषण लेते हैं। जिससे उनका जीवित शरीर आगे भी जीवित रह सके। इसके साथ ही वे प्रजनन करते हैं। ताकि एक प्रजाति के तौर पर वे आगे भी बने रहें। उनकी सन्ततियाँ आगे भी बरकार रहें। इसमें जहाँ पर जीवन के ख़तरे बहुत ज़्यादा होते हैं, कितने बच्चे ज़िन्दा बचेंगे, इसकी निश्चिन्तता नहीं होती है, वहाँ पर प्रजातियाँ आर सलेक्शन रणनीति का इस्तेमाल करती हैं। यानी वे बहुत ज़्यादा तादाद में बच्चे पैदा करती हैं। अगर तादाद हज़ारों लाखों में है तो वे अभिभावकत्व में भी विश्वास नहीं करती हैं। सी टर्टल अण्डे देने के बाद

दोबारा समुद्र में लौट जाते हैं। उन्हें अपने अण्डों की परवाह करने या बच्चों को जीवन के हुनर सिखाने की ज़रूरत नहीं है। बच्चे ख़ुद ही ख़तरों का सामना करते हुए अपने जीवन को बचाने का हुनर सीखते हैं। यहाँ पर कोई अभिभावक नहीं है जो उनकी उँगली पकड़कर चलना सिखाये।

जबकि एक बार में पन्द्रह-बीस बच्चे देने वाले जानवर अभिभावकत्व के प्रति थोड़े सजग तो होते हैं, वे अपनी सन्ततियों को काफ़ी कुछ सिखाने के प्रयास में लगे होते हैं। लेकिन के सलेक्शन तकनीक अपनाने वाली प्रजातियों के अभिभावक अपने बच्चों को बड़ा करने में जी-जान लगा देते हैं। हाथी ज़मीन पर रहने वाले सबसे बड़े जानवर होते हैं। उनका बड़ा आकार और सामाजिक व्यवहार उन्हें जीवन की सुरक्षा प्रदान करते हैं। इसलिए वे अपनी प्रजाति को आगे बढ़ाने के लिए के सलेक्शन रणनीति अपनाते हैं। हाथियों का गर्भकाल सबसे लम्बा होता है। 18 से 22 महीने तक गर्भवती रहने के बाद हथिनी बच्चे को जन्म देती है। फिर जब बच्चा पैदा होता है तो माँ ही नहीं पूरा झुण्ड ही उसकी हिफाजत में जुटा रहता है। बच्चे पूरे झुण्ड की जान होते हैं। वे उसको सिखाने में कोई कमी नहीं छोड़ते। उसकी सुरक्षा करने में वे किसी भी हद तक जा सकते हैं।

सोचिए जरा कि अगर हाथियों ने आर सलेक्शन तकनीक अपनायी होती, फिर क्या होता। अगर हाथी एक की जगह पर एक बार में पन्द्रह-बीच बच्चे देने लगते तो क्या होता। प्राकृतिक तौर पर उनके दुश्मन कम हैं। बालिग होने के बाद हाथी को शिकार होने का कोई ख़तरा नहीं होता। जबकि, छोटा बच्चा भी झुण्ड की पूरी सुरक्षा में रहता है। इसके चलते इस बात की पूरी सम्भावना रहती कि हाथी का हर बच्चा जीवित बचा रहे और वो बालिग होकर अपना जीवन आगे व्यतीत करे। अगर कुदरत में ऐसा हुआ होता तो एक तरह का असन्तुलन पैदा हो जाता। हाथियों की आबादी इतनी ज़्यादा हो जाती कि जंगलों की हरियाली और तमाम प्रजातियों का जीवन ख़तरे में पड़ जाता।

इसलिए प्रजनन की यह रणनीतियाँ भी कुदरत में एक प्रकार का सन्तुलन क़ायम रखने में बेहद कारगर साबित हुई हैं। जब बच्चों के बचने की सम्भावना कम होती है तो जानवर ज़्यादा बच्चे देते हैं। जब बच्चों के बचने की सम्भावना बहुत ज़्यादा होती है तब जानवर बच्चे कम देते हैं।

हालाँकि जंगल और इन्सानी समाज की तुलना बहुत जायज़ नहीं हैं। फिर भी यह कहा जा सकता है कि कुछ हद तक इन्सानी समाजों में भी इसे देखा जा सकता है। जिन इन्सानी समाजों में जीवन की सुरक्षा ज़्यादा होती है, स्वास्थ्य की बेहतर सेवाएँ उपलब्ध होती हैं, जीवन स्तर ऊँचा होता है, शिक्षा-ज़ागरूकता का स्तर ऊँचा होता है, वहाँ पर बच्चों की संख्या भी कम होती है। इसकी तुलना में जिन इन्सानी समाजों में जीवन का स्तर नीचा होता है, जीवन की सुरक्षा कम होती है, स्वास्थ्य सेवाएँ बदतर होती हैं, शिक्षा-जागरूकता मौजूद नहीं होती है, वहाँ पर बच्चों की संख्या ज़्यादा होती है। जनसंख्या नियन्त्रण के उपाय भी जीवन स्तर को ऊँचा उठाने के साथ ही ज़्यादा सफल साबित हुए हैं। बिना जीवन स्तर को ऊँचा उठाये किये जाने वाले जनसंख्या नियन्त्रण के उपायों को ज़्यादा कामयाबी नहीं मिली है। हालाँकि जंगल से इन्सानी समाज की यह तुलना सीमित अर्थों में ही की जा सकती है।

अध्याय : 3

सफलता के शिखर से अस्तित्व के संकट तक सोन चिरैया

विशेषज्ञों का मानना है कि बस्टर्ड प्रजाति के पक्षियों का विकास लगभग 77 लाख साल पहले अफ़्रीका में हुआ था। वहीं से पक्षियों की यह प्रजाति ओल्ड वर्ड के अलग-अलग घसियाले मैदानी इलाक़ों के अनुसार ख़ुद को अनुकूलित करते हुए विकसित हुई। बस्टर्ड का विकास खुर वाले जानवरों के साथ ही हुआ है। खुर वाले जानवर घसियाले मैदानों को हमेशा ही चरते रहते थे। इसके चलते घास बहुत ज़्यादा बड़ी नहीं हो पाती हैं। इससे बस्टर्ड के लिए एक अनुकूल पर्यावास तैयार होता है। अफ़्रीका में अभी भी खुर वाले जानवरों के ऐसे झुण्ड मौजूद हैं जिनमें लाखों की संख्या में जानवर रहते हैं।

वे घास की तलाश में एक जगह से दूसरी जगह पर लगातार विचरण करते रहते हैं। लाखों की संख्या वाले विल्डबीस्ट का महा झुण्ड जब अच्छी घास की तलाश में एक जगह से दूसरी जगह पर पलायन करता है तो वह दृश्य देखने वाला होता है। हालाँकि, अफ़्रीका में भी इनकी संख्या पहले की तुलना में कम हो रही है। लेकिन, अफ़्रीका के बाहर अन्य जगहों पर तो हाल के कुछ हज़ार सालों में इन चरने वाले जानवरों के झुण्डों की जगह पालतू मवेशियों ने ले ली है। चरने वाले जानवरों के झुण्ड अपनी जगहें बदलते रहते हैं। उनके एक जगह से दूसरी जगहों पर जाने के चलते एक जगह की घास को फिर से उगने और बढ़ने का मौक़ा मिल जाता है। पर्यावास में बदलाव आता है। लेकिन, मवेशी लगातार एक ही जगह पर चरते हैं और एक अलग तरह के पर्यावास का निर्माण करते हैं।

ग्रेट इंडियन बस्टर्ड एक ऐसा पक्षी है जिसने अपने आप को भारत के शुष्क और अर्ध शुष्क मैदानों के अनुसार अनुकूलित किया हुआ था। यहाँ की ख़ासियतों के अनुसार ही उसकी जीवनचर्या और शारीरिक विशेषताएँ विकसित हुई हैं। ग्रेट इंडियन बस्टर्ड भारतीय उप महाद्वीप की एंडेमिक स्पीशीज या स्थानीय प्रजाति है। भारत और पाकिस्तान के कुछ हिस्सों में ऐतिहासिक तौर पर यह रहा करती थी। यहाँ के पर्यावास के लिए अपने आप को ढालने के चलते यह राजस्थान, पंजाब, हरियाणा, उत्तर प्रदेश, मध्य प्रदेश, गुजरात, महाराष्ट्र, कर्नाटक और आन्ध्र प्रदेश आदि के अलग-अलग हिस्सों में पायी जाती रही हैं। यह भी माना जाता है कि गोडावण इन जगहों पर छोटी दूरी के प्रवास पर जाया करते रहे हैं। हालाँकि, अब इनकी संख्या बहुत कम हो गयी है और इसके चलते भी कई बार प्रजातियों के नैसर्गिक व्यवहार पहले जैसे नहीं रह जाते, इसलिए छोटी दूरी के लिए होने वाले इन प्रवासों के बारे में बहुत ज़्यादा कुछ नहीं कहा जा सकता है। इतना भले ही है कि अभी भी गोडावण सीमा पार कर पाकिस्तान पहुँच जाते हैं। इसके लिए पीछे कारण सिर्फ़ इतना-सा ही है कि उनकी बची-खुची आबादी का ज़्यादातर हिस्सा जैसलमेर और बीकानेर में ही मौजूद है। जिसका बड़ा हिस्सा पाकिस्तान की सीमा से लगा हुआ है। पक्षी हज़ारों किलोमीटर की यात्रा पूरी करके ग्लोब के एक हिस्से से दूसरे हिस्से में पहुँचते रहे हैं। तो फिर भारत की सीमा पार करके पाकिस्तान में पहुँच जाना गोडावण के लिए भी कोई बहुत बड़ी बात नहीं है। हालाँकि यह कहा जा सकता है कि पहले की तरह ही आज भी भारत के बड़े भू-भाग में ये पक्षी अगर मौजूद होते तब उनके नैसर्गिक प्रवास के बारे में और उसके लिए तय की जाने वाली दूरियों के बारे में ज़्यादा निश्चित होकर कुछ कहा जा सकता था।

यहाँ पर सवाल उठता है कि भारत के शुष्क और अर्ध शुष्क मैदानों के लिए इतनी अच्छी तरह अनुकूलित एक विशाल आकार के पक्षी के सामने आख़िर कौन-सी चुनौतियाँ आ गयीं कि अब वह अपने ऐतिहासिक परिक्षेत्र के नब्बे फ़ीसदी हिस्से से विलुप्त हो चुका है। यानी पहले जिन भूभागों में वह पाया जाता था उसके सिर्फ़ दस फ़ीसदी हिस्से में ही वो बचा हुआ है और वहाँ पर भी

अपने अस्तित्व को बचाने के लिए संघर्ष कर रहा है। उसके संरक्षण के लिए भी तमाम प्रयास किये जा रहे हैं। इसके बावजूद अभी यह निश्चित होकर नहीं कहा जा सकता है कि आने वाले सालों में उसका भविष्य क्या होने वाला है।

हज़ारों सालों तक ग्रेट इंडियन बस्टर्ड एक प्रजाति के तौर पर सफलता के शीर्ष पर रहा है। यहाँ तक कि प्राकृतिक तौर पर उसके दुश्मन भी बहुत ही कम रहे हैं और जीवन की निश्चिन्तता के चलते उसने प्रजनन के लिए के सलेक्शन रणनीति के अनुसार ही ख़ुद को ढाला। वे वर्ष भर में एक या कभी-कभार दो अण्डे ही देते रहे और बच्चों को बड़ा करने में अपना बहुत ज़्यादा वक़्त लगाते रहे। क्योंकि, जीवन के बचे रहने की सम्भावना बहुत ज़्यादा थी। अब सवाल यह उठता है कि सफलता के शीर्ष से यह पक्षी संकट के कगार तक कैसे पहुँच गया। ऐतिहासिक तौर पर उसने कौन-कौन से ख़तरों और चुनौतियों का सामना किया है। हाल के कुछ वर्षों में उसकी संख्या कैसे धीमे-धीमे समाप्त हुई। अब क्या स्थिति है और उसके संरक्षण के लिए क्या प्रयास किये जा रहे हैं। इस अध्याय में हम इन्हीं पर चर्चा करेंगे।

ऐसे बढ़ता रहा विलुप्ति का संकट

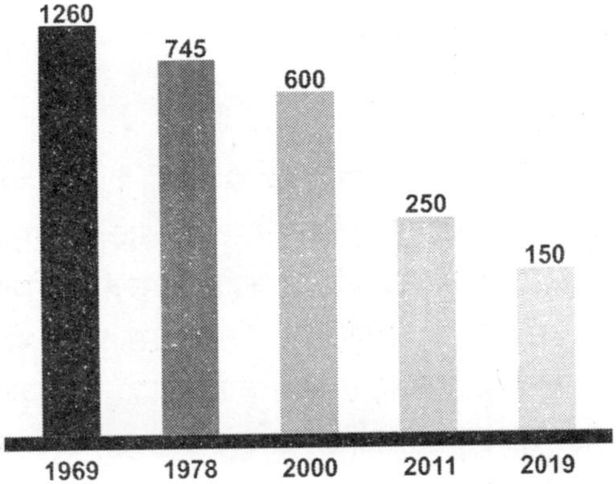

गोडावण पर छाये संकट

हज़ारों लाखों सालों तक अपना अस्तित्व बचाये रखने वाली कोई भी प्रजाति अगर विलुप्त होने की कगार पर पहुँचती है तो निश्चित तौर पर उसके पीछे

बहुत सारे कारण होते हैं। उन कारणों के चलते ही धीरे-धीरे वह प्रजाति अपनी ज़मीन छोड़ती जाती है और धीरे-धीरे विलुप्ति की तरफ़ बढ़ती है। यहाँ पर उन प्रमुख कारणों पर चर्चा की गयी है जो गोडावण की विलुप्ति के पीछे मुख्य तौर पर ज़िम्मेदार हैं। यहाँ पर यह दावा करना तो सम्भव नहीं है कि वे सभी कारणों को इसमें शामिल किया गया है। लेकिन यह कहा जा सकता है कि सभी प्रमुख कारणों का ज़िक्र यथासम्भव करने का प्रयास किया गया है।

गोडावण पक्षी के विलुप्ति के कगार पर पहुँचने के पीछे मौजूद कारणों को दो तरीक़े से विभाजित किया जा सकता है। कुछ कारण ऐसे हैं जो इतिहास में मौजूद रहे हैं और जिनके चलते ही उनकी संख्या इतनी कम होकर आज वाली स्थिति तक सिमट आयी है। जबकि कुछ ऐसे कारण भी हैं जो अपेक्षाकृत नये हैं और आज भी गोडावण के संरक्षण में लगे हुए लोग इससे जूझ रहे हैं। हालाँकि एक लाइन में यह ज़रूर कहा ज़ा सकता है कि ऐतिहासिक कारक हों या वर्तमान कारक, ये सब ही मानव जनित कारक हैं। यानी गोडावण किसी प्राकृतिक परिघटना या प्राकृतिक आपदा या किसी एक प्रजाति में होने वाली महामारी के चलते समाप्त नहीं हो रहे हैं। विलुप्ति की कगार तक उन्हें पहुँचाने के पीछे सारे कारण मानवजनित हैं। यहाँ पर हम एक-एक करके उन कारकों की पहचान करेंगे।

पर्यावास से बेदख़ली

हम जानते हैं कि हमारी धरती सब जगह एक जैसी नहीं है। कहीं पर ऊँचे पहाड़ हैं, बर्फ़ से ढके हुए। तो कहीं पर रेतीले रेगिस्तान। कहीं पर समुद्र है तो कहीं पर चट्टान। कहीं पर हरे-भरे मैदान हैं, तो कहीं पर सूरज की रोशनियों को भी धरती तक पहुँचने में बाधा बनने वाले घने जंगल। ऐसी जगहें भी हैं जो साल भर बर्फ़ से ढकी रहती हैं। जबकि, ऐसी भी जगहें हैं जहाँ पर प्राकृतिक तौर पर जमी हुई बर्फ़ नहीं देखने को मिलती है। खारे पानी के समुन्दर हैं तो मीठे पानी की नदियाँ और झीलें मौजूद हैं।

धरती पर जीवन अलग-अलग तरह से विकसित हुआ है। अपने प्राकृतिक आवास से तालमेल बिठाते हुए जीवों और फिर अलग-अलग प्रजातियों का विकास हुआ है। वे अपने प्राकृतिक आवास के साथ ही पैदा हुई हैं। उसी में

रहती हैं और उसी में मर जाती हैं। अपने प्राकृतिक आवास से अलग उनकी कोई ज़िन्दगी नहीं होती है। इसलिए अगर कोई पर्यावास नष्ट होता है तो वहाँ पर रहने वाले जीव-जन्तुओं के जीवन पर भी संकट आ जाता है। आज दुनिया भर में यह देखने को मिल रहा है। मानव जनित या एंथ्रोपोजेनेटिक कारणों से दुनिया भर के पर्यावासों में बदलाव हो रहा है। पर्यावास का मतलब है प्राकृतिक आवास।

यानी एक ऐसा घर जो प्राकृतिक तौर पर विकसित हुआ है। यह घर और वहाँ पर रहने वाले जीव-जन्तुओं के बीच सम्बन्ध नाभि-नाल जैसा ही होता है। अगर जीव-जन्तु नष्ट होते हैं तो पर्यावास बेजान हो जाता है। अगर पर्यावास नष्ट होता है तो जीव-जन्तु भी मारे जाते हैं। दुनिया भर में प्रजातियाँ इस ख़तरे का सामना कर रही हैं। ख़ासतौर पर पिछले पचास सालों में हर दिन जीव जन्तुओं की प्रजातियों का जीवन संकट में आ रहा है। उनमें से बहुत सी प्रजातियाँ विलुप्त हो गयी हैं तो बहुत सारी प्रजातियों के अस्तित्व पर संकट बना हुआ है और वे ख़ुद को बचाये रखने के लिए संघर्ष कर रही हैं। उनके भविष्य पर प्रश्नचिह्न लगा हुआ है।

इसलिए जब भी हम किसी पर्यावास में बदलाव करते हैं तो हम वहाँ पर रहने वाले तमाम क़िस्म के जीव-जन्तुओं के प्राकृतिक आवास में यानी उनके जीवन के मूल स्रोत में भी बदलाव करते हैं। इन बदलावों के साथ तत्काल तालमेल मिलाकर उनके अनुसार ख़ुद ढल जाना ज़्यादातर प्रजातियों के लिए सम्भव नहीं होता है। इसलिए वे वहाँ से दूर होने लगते हैं। पर्यावास के सिमटने के साथ ही उनका जीवन भी सिमटने लगता है।

गोडावण उर्फ़ सोन चिरैया उर्फ़ ग्रेट इंडियन बस्टर्ड को शुष्क और अर्ध शुष्क घसियाले मैदान पसन्द हैं। यही उसका प्राकृतिक आवास है। इसी पर्यावास के अनुसार ही उसका जीवन विकसित हुआ है। उसके जीवन की सभी क्रियाएँ इसी पर्यावास के अनुसार ही तालमेल बनाती हैं। ऐसे ही पर्यावास में वह खाना खा सकता है, अपना खाना ढूँढ़ सकता है, आराम कर सकता है, प्रजनन के लिए अपने जोड़े बना सकता है, ऐसे ही पर्यावास में वह अण्डे देता है और बच्चों को बड़ा करता है। उसका शरीर भी ऐसी ही जगह पर

रहने के हिसाब से विकसित हुआ है। आप समझ ही सकते हैं कि गोडावण जैसा विशालकाय पक्षी किसी बरगद के पेड़ की घनी कैनोपी में किसी दर्ज़िन चिड़िया की तरह फुदकते हुए नहीं घूम सकता है। उसे अपनी उड़ान के लिए ज़्यादा जगह चाहिए। उसका भारी-भरकम शरीर हज़ारों किलोमीटर की यात्रा करके लम्बे प्रवास पर चले जाने की इजाज़त नहीं देंगा। इसलिए उसे कम ऊँचाई वाली और छोटी दूरी की उड़ानें तय करनी होंगी।

हम मनुष्य हर चीज़ को मनुष्यों की उपयोगिता के हिसाब से देखते हैं। जो भी पेड़-पौधे हम देखते हैं, उसके बारे में हमारा पहला सवाल यही होता है कि इसका हमारे लिए क्या उपयोग है। क्या ये कोई औषधीय पौधा है। इसमें कोई फल आते हैं या क्या इसका फूल सुन्दर होता है। जबकि प्रकृति में ऐसा नहीं होता है। कुदरत ने हमको केन्द्र में नहीं रखा है। ये तो हम ख़ुद हैं जो कुदरत के केन्द्र में बैठने पर तुले हुए हैं। और काफ़ी हद तक बैठ भी गये हैं। प्रकृति में हर चीज़ अपने महत्त्व के साथ पैदा हुई है। हो सकता है कि किसी जीव-जन्तु या पेड़-पौधे का सीधे तौर पर हमारा वास्ता नहीं हो। लेकिन वह इस पूरे पारिस्थितिक तन्त्र में एक महत्त्वपूर्ण भूमिका अदा करता है। सभी की यहाँ पर कोई न कोई भूमिका होती है। लेकिन हम मानवों को यह लगता है कि धरती के केन्द्र में तो हम हैं। इसलिए हर चीज़ का ताल्लुक हमारे मतलब से होना चाहिए। जो हमारे मतलब का नहीं है वह फ़ालतू है। वह किसी काम का नहीं है। आमतौर पर हमारे अन्दर इस तरह की धारणाएँ बैठी हुई हैं। हम दुनिया को, पारिस्थितिक तन्त्र को, प्रकृति को, प्राकृतिक आवास को वहाँ रहने वाले पेड़-पौधों और जीव-जन्तुओं के नहीं बल्कि अपने फ़ायदे के नज़रिये से देखते हैं और हमें वे चीज़ें बेकार लगती हैं।

दुर्योग से गोडावण के पर्यावास के साथ भी ऐसी ही धारणाएँ जुड़ी रही हैं। गोडावण जिस प्राकृतिक आवास में रहना पसन्द करता है आमतौर पर उसे बेकार पड़ी हुई ज़मीन या बंजर माना जाता है। आमतौर पर धारणा यही है कि ज़मीन उपजाऊ होनी चाहिए, जहाँ पर खेती की जा सके या बागान लगाये जा सकें या फिर घने जंगल हों। लेकिन, शुष्क और अर्ध शुष्क घसियाले मैदानों को बेकार पड़ी हुई ज़मीन माना जाता है। इसलिए इसमें बदलाव करने के

प्रयास किये जाते हैं। लेकिन इसका विपरीत असर वहाँ पर रहने वाली प्रजातियों पर पड़ता है।

विशेषज्ञों के मुताबिक़ गोडावण के प्राकृतिक आवास में बीते सौ सालों में बहुत ज़्यादा तेज़ी से परिवर्तन हुए हैं। यहाँ पर ज़मीन को उपजाऊ बनाने की तमाम कोशिशें की गयीं। सिंचाई के साधन बढ़ाने के प्रयास किये गये। यहाँ पर बड़े पैमाने पर पौधे और झाड़ियों को लगाने के अभियान चलाये गये। सबसे ज़्यादा बदलाव बीते पचास सालों में हुए हैं। नहरों के ज़रिये नये इलाक़ों में पानी पहुँचने लगा। इससे शुष्क और अर्ध शुष्क घसियाले मैदानों के प्राकृतिक आवास के स्वरूप में बदलाव आ गया। पर्यावास में आया यह बदलाव गोडावण को रास नहीं आया। इसके चलते वे ऐसी जगहों से दूर होते गये और कुल मिलाकर आज उनकी बहुत छोटी-सी आबादी बहुत छोटे-छोटे हिस्सों में बचकर रह गयी। एक बड़े भू-भाग से वे ग़ायब हो चुके हैं। जहाँ पर बचे भी हैं, वहाँ भी उन पर विलुप्ति का ख़तरा मँडरा रहा है।

बेतहाशा किया गया शिकार

गोडावण एक विशालकाय पक्षी होता है और मांस के लिए इसका लम्बे समय से शिकार किया जाता रहा है। पक्षी के शिकार के लिए तमाम तरीक़े अपनाये जाते रहे हैं। वहीं, कुछ पक्षी विशेषज्ञों का मानना है कि इसके मांस के बारे में लोगों को यह भ्रम रहा है कि इसमें कामोद्दीपन या काम क्षमता बढ़ाने वाले गुण हैं। इस मूर्खतापूर्ण धारणा के चलते भी इसका शिकार होता रहा है।

भारत के प्रख्यात पक्षी विज्ञानी और प्रकृतिवादी डॉ. सालिम अली अपनी किताब 'द मुग़ल एम्परर्स ऑफ़ इंडिया एज नेचुरलिस्ट एंड स्पोर्ट्समेन' में बाबर द्वारा ग्रेट इंडियन बस्टर्ड के मांस का ज़िक्र करने के बारे में उल्लखित करते हैं। माना जाता है कि बाबर मध्य एशिया में पाये जाने वाले बस्टर्ड की एक अन्य प्रजाति जिसे ग्रेट बस्टर्ड कहा जाता है, से पूरी तरह से परिचित था। बाबर के मुताबिक़ लगभग तुग्दक के आकार वाला खर्चल (बस्टर्ड) पक्षी वास्तव में भारत का तुग्दक है। कुछ पक्षियों के पैर का मांस अच्छा होता है तो कुछ पक्षियों के सीने का मांस अच्छा होता है। लेकिन, खर्चल के शरीर के सभी हिस्सों का मांस स्वादिष्ट होता है।

माना जाता है कि यहाँ पर जिस पक्षी की बात की जा रही है वह ग्रेट इंडियन बस्टर्ड है। क्योंकि भारत के कुछ हिस्सों में बस्टर्ड को तुग्डार या तुग्दर भी कहा जाता है। माना जाता है कि बाबर द्वारा उल्लिखित तुग्डक से बिगड़कर ही कालान्तर में यह नाम इस रूप में आ गया है।

बाबर द्वारा उल्लिखित इस प्रसंग का ज़िक्र यहाँ पर करने का सिर्फ़ यह आशय है कि यह जाना जा सके कि गोडावण का शिकार बहुत लम्बे समय से किया जाता रहा है। हालाँकि, उस समय इसका शिकार बेहद मुश्किल रहा होगा। क्योंकि, यह पक्षी बेहद शर्मीला और चौकन्ना होता है। किसी इन्सान के 500 मीटर की दूरी तक पहुँचने पर ही यह सतर्क हो जाता है और ख़ुद को उससे दूर करने लगता है। यह ज़्यादा से ज़्यादा दूर जाने की कोशिश करता है। फिर जब इसे चारों तरफ़ से घेरने की कोशिश की जाती है तो वह उड़ान भर कर उस पूरे हिस्से से ही दूर चला जाता है। मुग़ल बादशाहों और नवाबों के ज़माने में इसका शिकार करना इतना आसान नहीं था।

उस समय गोडावण का शिकार करने के लिए ढकी हुई बैलगाड़ी या किसी अन्य चीज़ की ओट ली जाती थी। उसके पीछे छिपकर लम्बे समय तक इन्तज़ार करना पड़ता था। जब पक्षी क़रीब आ जाता तब उसका शिकार किया जाता। लेकिन बन्दूक़ तकनीक का विकास होने के साथ ही स्थिति में काफ़ी बदलाव आ गया। बन्दूक़ों के ज़रिये दूर से ही निशाना साधकर पक्षी का शिकार करना आसान हो गया। बड़े आकार के चलते यह पक्षी दूर से ही दिख जाता है। रेतीले या कंकरीले मैदानों में इसके लिए ख़ुद को छिपाना भी बहुत आसान नहीं होता है। ऐसे में बन्दूक़ों ने इस पक्षी के जीवन को समाप्त करने में बड़ी भूमिका निभायी है।

अंग्रेज़ों के समय में गोडावण पक्षी का ख़ूब शिकार किया गया। शिकार एक ज़माने में किसी मनोरंजक खेल की तरह था। बाघ और शेरों के शिकार के लिए भी शिकार पार्टियाँ आयोजित की जाती थीं। गोडावण पक्षी का शिकार भी खेला जाता था। जिसमें पक्षी मारा जाता था और फिर उसके मांस से अलग-अलग व्यंजन बनाये जाते थे। अंग्रेज़ भी इसके मांस को बहुत स्वादिष्ट और अच्छा मानते थे।

जबकि भील आदिवासियों द्वारा भी ज़्यादा आदिम तरीक़े से इसका शिकार किये जाने का ज़िक्र किया जाता है। मादा गोडावण अपने अण्डे या बच्चों की सुरक्षा को लेकर बेहद सतर्क होती है और उन्हें बचाने के लिए अपनी जान तक पर खेल जाती है। कहा जाता है कि भील आदिवासी पहले तो किसी ऐसे गोडावण का घोंसला ढूँढ़ते थे, जिसमें गोडावण ने अण्डे दिये हों या जिसमें छोटे चूजे मौजूद होते हैं। ऐसे घोंसले को देखते ही भील आदिवासी समझ जाते थे कि गोडावण पक्षी कहीं आसपास ही मौजूद होगा। ऐसे में वे घोंसले के चारों तरफ़ घासफूँस का एक गोल घेरा बनाकर उसमें आग लगा देते थे और ख़ुद कहीं पास में ही छिप जाते थे।

अपने घोंसले के आसपास लगी हुई आग को देखकर मादा गोडावण तुरन्त ही वहाँ पर भाग आती थी। वह अपने पंखों से आग को बुझाने की कोशिश करती। भले ही अपने पंखों के ज़रिये आग को बुझाने में वह कामयाब हो जाती। लेकिन इस कोशिश में उसके पंख जल जाते थे। जिसके चलते अब वह उड़ान भरने में सक्षम नहीं रह जाती थी। ऐसे पक्षी को चारों तरफ़ से घेर कर पकड़ लिया जाता था। अंग्रेज़ों ने भीलों द्वारा इस तरह से ग्रेट इंडियन बस्टर्ड का शिकार किये जाने की बात संज्ञान में आने का ज़िक्र किया है।

आगे चलकर हम देखेंगे कि आज एक बार फिर से गोडावण के घोंसलों की तलाश बहुत ही शिद्दत से की जाने लगी है। उन घोंसलों पर निगाह रखी जा रही है। यहाँ तक देखा जा रहा है कि कब यह पक्षी अण्डे देता है। लेकिन, आज यह कुछ-कुछ अलग और ज़रूरी कारणों से किया जा रहा है। इस पर हम आगे के अध्यायों में चर्चा करेंगे।

कुल मिलाकर यह कहा जा सकता है कि ऐतिहासिक तौर पर इस पक्षी के बड़े पैमाने पर हुए शिकार ने इसकी संख्या को बहुत सीमित करने में बड़ी भूमिका अदा की। आज़ादी के बाद भी इस पक्षी का शिकार होता रहा है। ख़ासतौर पर कामोद्दीपन के गुणों को लेकर फैलाये गये भ्रम ने इस पक्षी की जान ली। जबकि पाकिस्तान में भी गोडावण का शिकार किये जाने की बात कही जाती रही है। इन सब कारणों से अब इस पक्षी की संख्या इतनी कम हो गयी है कि उसके जीवन पर संशय बना हुआ है।

कीटनाशक, पालतू पशुओं का चरागाह और आवारा कुत्ते

गोडावण के प्राकृतिक आवास में तमाम तरह के बदलाव अब देखने को मिल रहे हैं। आधुनिक तकनीक के ज़रिये सिंचाई करना आसान हुआ है और ऐसी जगहों पर भी खेती शुरू हो गयी है। जहाँ पर पहले सूखे घसियाले मैदान हुआ करते थे। इस परिवर्तन ने जहाँ एक ओर तो गोडावण के प्राकृतिक आवास को सीमित कर दिया। वहीं, इसके चलते वह एक ऐसे ख़तरे के क़रीब भी आ गया, जिसके बारे में पहले कभी उम्मीद नहीं की जा सकती थी।

इन खेतों में बड़े पैमाने पर प्रयोग किये जाने वाले कीटनाशकों का भी गोडावण के जीवन पर विपरीत असर होता है। इसके चलते एक तो कीटों की संख्या कम हो जाती है। दूसरे, कीटनाशकों के छिड़काव के बाद कीट बड़ी संख्या में उड़कर दूर जाने लगते हैं। ऐसे कीटों को खाने से गोडावण की जान भी ख़तरे में पड़ सकती है।

इसके अलावा, इस पर्यावास में जहाँ पहले चरने वाले, हिरण जैसे वन्यजीवों की भरमार हुआ करती थी। वहीं, इनकी जगह अब पालतू मवेशियों के बड़े-बड़े झुण्डों ने ले ली है। मवेशियों के बड़े झुण्डों द्वारा इस्तेमाल किये जाने पर पूरे घसियाले मैदान की स्थिति में बदलाव आ जाता है। इसके साथ ही मवेशियों की बड़ी संख्या ज़मीन पर घोंसला बनाकर दिये गये गोडावण के अण्डों के लिए भी ख़तरा बने रहते हैं। इनकी चपेट में आने के चलते अण्डों के नष्ट होने का ख़तरा बना रहता है।

गोडावण के प्राकृतिक वास में पहले से ही उसके कुछ प्राकृतिक दुश्मन रहे हैं। इनमें भेड़िया, लकड़बग्घा, लोमड़ी आदि शामिल हैं। हालाँकि, इन जानवरों के लिए भी किसी पूरी तरह से परिपक्व गोडावण का शिकार करना बेहद मुश्किल होता है। लेकिन, चूजे इनका आसान शिकार बन जाते हैं। इनके अलावा, नेवले, कौव्वे और कुछ छिपकलियाँ भी अण्डों को नष्ट कर सकती हैं। इनके साथ ही अब एक और ख़तरा भी गोडावण तक पहुँच गया है। वह है आवारा कुत्ते।

आमतौर पर जहाँ भी इन्सानों की बस्ती है या इन्सान रहते हैं, वहाँ पर कुत्ते रहते ही हैं। आवारा कुत्तों के झुण्ड भी गोडावण के लिए एक बड़ा ख़तरा बने हुए हैं। पक्षी विज्ञानियों ने इस तरह की घटनाएँ दर्ज की हैं, जिसमें कुत्तों

द्वारा गोडावण का शिकार करने का प्रयास किया जा रहा है या उन्हें दौड़ाया जा रहा है। अन्य वन्यजीवों की तुलना में आवारा कुत्तों की संख्या काफ़ी ज़्यादा होती है। क्योंकि इन्सानों के क़रीब होने के चलते उनके जीवित बचे रहने और प्रजनन में सफल रहने की सम्भावना ज़्यादा होती है। ऐसे में उनके चलते गोडावण के लिए पैदा होने वाले ख़तरे को सहज ही समझा जा सकता है।

ध्वनि प्रदूषण भी एक बड़ा कारण

आमतौर पर ही सोन चिरैया उन जगहों पर रहना पसन्द नहीं करती हैं जहाँ पर बहुत ज़्यादा शोर-शराबा हो। इसी के चलते वे इन्सानी बस्तियों, सड़कों आदि से दूर रहती हैं। पक्षी विज्ञानियों का मानना है कि यहाँ पर होने वाला ध्वनि प्रदूषण भी उन पर छाये एक संकट में शामिल है।

हम ऊपर पढ़ आये हैं कि नर गोडावण के गले में एक थैली जैसी होती है, जिसे गूलर पैच कहा जाता है। प्रजनन सीजन में यह गूलर पैच काफ़ी फूल कर लटक जाता है। यहाँ तक कि वह गर्दन से ज़मीन तक छूता हुआ भी दिखाई दे सकता है। नर इसी गूलर पैच की मदद से एक गूँजती हुई सी आवाज़ निकालता है। जिसे बूमिंग कॉल कहा जाता है। मिलन की पुकार। इस गूँजती हुई आवाज़ के चलते ही उसे कुछ जगहों पर उसे घोरण या गुरायिन जैसे नामों से भी पुकारा जाता है। यह आवाज़ दूर तक पहुँचती है और इसी पुकार को सुनकर मादा आकर्षित होती है और नर की तरफ़ आती है।

लेकिन बहुत ज़्यादा शोर-शराबा होने पर उसकी यह गूँजती हुई आवाज़ दबी रह जाती है और मादा तक नहीं पहुँचती है। ऐसे में मिलन के लिए लगायी गयी यह गुहार अनसुनी रह जाती है। जिस पक्षी में प्रजनन की दर इतनी कम है, उसमें प्रजनन के लिए की गयी इस तरह की किसी भी पुकार के ख़ाली जाने का मतलब प्रजाति के लिए अच्छा नहीं माना जा सकता है।

अगर ध्यान से देखा जाये तो दुनिया भर में पक्षी ध्वनि प्रदूषण से इसी तरह के ख़तरे का सामना कर रहे हैं। इन्सानी बस्तियों और सड़कों, राजमार्गों आदि पर शोर इतना ज़्यादा होता है कि पक्षियों की नैसर्गिक आवाज़ दबी रह जाती है। ख़ासतौर पर कोरोना महामारी के दौरान किये गये लॉकडाउन में इस बात को सामान्य लोगों ने भी दर्ज किया कि वाहनों की आवाज़ थमने पर उन्हें

पक्षियों का कलरव ज़्यादा सुनाई पड़ने लगा। पहले जहाँ वाहनों के इंजन की आवाज़ पूरे वातावरण में छायी रहती थी। वहीं, वाहनों पर लगी पाबन्दी के बाद अलग-अलग क़िस्म के पक्षियों की आवाज़ सुनने और पहचानने में उन्हें आसानी हुई। यही नहीं, ऐसे पक्षियों की आमद भी लोगों के घरों और बागीचों तक ज़्यादा होने लगी। जो पहले अनदेखे थे।

हाईटेंशन लाइन बनी बड़ा ख़तरा

किताब के शुरुआती पन्नों में ही एक मादा गोडावण की मौत और बाद में उसकी याद में बनाये गये स्मारक का ज़िक्र किया गया है। हम बता चुके हैं कि उस गोडावण की मौत हाईटेंशन बिजली के तारों से टकराने के चलते हुई।

गोडावण के प्राकृतिक आवास से गुज़रने वाली हाईटेंशन लाइन एक बड़ा ख़तरा बनकर सामने आयी है। 23 मार्च 2023 को जैसलमेर की डेटलाइन से छपी टाइम्स ऑफ़ इंडिया अख़बार की एक ख़बर इस बड़े ख़तरे की और भी पुख़्ता जानकारी देती है। ईआरडीएस फ़ाउंडेशन के हवाले से ख़बर बताती है कि बीते छह सालों में जैसलमेर ज़िले में हाईटेंशन बिजली की लाइनों से टकराकर नौ गोडावण अपनी जान गँवा चुके हैं।

आख़िर हाईटेंशन पावर लाइन गोडावण के लिए इतना बड़ा ख़तरा कैसे बन गयी हैं। प्रकृति में अक्सर ही देखा जाता है कि शारीरिक ख़ूबियाँ किसी प्रजाति को अपने पर्यावास में फलने-फूलने के लिए सबसे ज़्यादा अनुकूल बनाती हैं। जब प्राकृतिक आवास में बदलाव होता है तो वही ख़ूबियाँ संकट का कारण भी बन जाती हैं। यह ऐसा ही है जैसे किसी एक परिस्थिति का वरदान किसी दूसरी परिस्थिति में अभिशाप बन जाता है। अपने बड़े आकार के चलते गोडावण को अपने प्राकृतिक आवास में बहुत सारे मौक़े उपलब्ध होते हैं, जिसके चलते उसका अस्तित्व बना रहता है। जैसे बड़े आकार के बावजूद उड़ान भरने की क्षमता उसे प्रकृति में मौजूद उसके शिकारियों से बचाती है। लेकिन, आज के समय में मानवजनित कारकों या एंथ्रोपोसीन के चलते होने वाले बदलावों से शायद ही कोई बच पाया हो। ख़ुद मानव भी दुनिया भर में तमाम जगहों पर इसके दुष्प्रभावों को भुगत रहा है।

गोडावण जिन प्राकृतिक आवास में रहते हैं, दुर्भाग्य से उस भू-दृश्य से बहुत सारी ओवरहेड हाईटेंशन पावर लाइन गुज़रती हैं। गोडावण जब एक जगह से दूसरी जगह जाने के लिए उड़ान भरते हैं तो अक्सर ही इनसे टकरा जाते हैं। हाल के कुछ सालों में इसके चलते कई गोडावण जान गँवा चुके हैं। इन ओवरहेड पावर लाइन के नीचे या आसपास ही इन पक्षियों के शव या शव के अवशेष मिले हैं। इसलिए ओवरहेड पावर लाइन को गोडावण के जीवन के समक्ष मौजूद सबसे नया और आधुनिक ख़तरा माना जाता है। विशेषज्ञों का मानना है कि इस पक्षी की सामने की दृष्टि बहुत तेज़ नहीं होती है। उड़ान भरते समय जब तक उसे इस बात का अहसास होता है कि सामने कोई अवरोध है, तब तक वह उसके बहुत क़रीब जा चुका होता है।

बड़े आकार के चलते तुरन्त वहाँ से मुड़ना उसके लिए सम्भव नहीं होता है। इसी कारण से ही वह बिजली की इन लाइनों से टकरा जाता है। इससे उसे बिजली का तेज़ झटका लगता है और वह इतनी ऊँचाई से नीचे गिर जाता है। विशेषज्ञों का मानना है कि बड़े शरीर के चलते इतनी ऊँचाई से गिरने पर उसे चोट भी बहुत लगती है जो कि जानलेवा साबित होती है। इसलिए गोडावण के जीवन को बचाने के लिए पर्यावरण प्रेमियों और विशेषज्ञों की ओर से ओवरहेड पावर लाइनों को अंडर ग्राउंड किये जाने की माँग की जाती रही है। अगर इन पावर लाइनों को ज़मीन के नीचे से गुज़ारा जाये तो गोडावण के जीवन को ख़तरे से बचाया जा सकता है।

जीवाश्म ईंधन को जलाये जाने के चलते वैश्विक तापमान में होने वाली बढ़ोतरी से बचने के लिए हरित ऊर्जा यानी ग्रीन एनर्जी को एक सबसे ज़रूरी विकल्प माना जाता है। आमतौर पर हरित ऊर्जा को एक निर्दोष विकल्प स्वीकार किया जाता है। पर अगर इसे ठीक तरह से लागू नहीं किया जाये तो ग्रीन एनर्जी भी किसी के जीवन के लिए ख़तरा बन सकती है। गोडावण के जीवन से इसे समझा जा सकता है। इन ओवरहेड पावर लाइन में बहुत सारे तार ग्रीन एनर्जी के ज़रिये पैदा हुई बिजली को ग्रिड तक पहुँचाने के लिए बिछाये गये हैं। अब इनका संचालन करने वाली सरकारी, अर्ध सरकारी और निजी कम्पनियों का कहना है कि अगर सभी पावर लाइनों को भूमिगत किया जाता है

तो इसमें बहुत ज़्यादा ख़र्च आयेगा और ग्रीन एनर्जी के ज़रिये पैदा होने वाली बिजली बहुत ज़्यादा महँगी साबित होगी।

'द हिन्दू' अख़बार में 04 फरवरी 2023 को प्रकाशित जैकब कोशी की ख़बर गोडावण के जीवन पर छाये संकट और वहाँ से गुज़रने वाली ओवरहेड पावर लाइंस को लेकर कई जानकारियाँ देती है। रिपोर्ट के मुताबिक़ सौर ऊर्जा से पैदा हुई बिजली को ग्रिड तक पहुँचाने के लिए लगभग 7200 किलोमीटर लम्बी ओवरहेड पावर लाइन मौजूद हैं। जिनसे टकराने और बिजली का झटका लगने से गोडावण की मौत हो रही है।

ओवरहेड लाइन के चलते होने वाली गोडावण की मौतों और बचे हुए गोडावणों पर छाये सम्भावित ख़तरे को देखते हुए पर्यावरण वादियों की ओर से वर्ष 2019 में सुप्रीम कोर्ट में याचिका दाखिल की गयी। इस याचिका में कहा गया कि अभी मौजूद और आने वाले समय के लिए प्रस्तावित सभी ओवरहेड पावर लाइनों को भूमिगत किया जाये। जिससे कि गोडावण पक्षियों को बचाया जा सके। रिपोर्ट के मुताबिक़ अप्रैल 2021 में कोर्ट ने थार और कच्छ रेगिस्तान में ग्रेट इंडियन बस्टर्ड के प्राथमिकता और सम्भावित आवास के रूप में सीमांकित क्षेत्रों से गुज़रने वाली कम वोल्टेज बिजली लाइनों को भूमिगत कर दिया जाये। प्राथमिकता क्षेत्र ऐसे क्षेत्र हैं जहाँ पर गोडावण पक्षी रहते हैं और सम्भावित क्षेत्र वे हैं जहाँ पर इनके संरक्षण कार्यक्रम जैसे पाल्य अवस्था (कैप्टिव ब्रीडिंग) में रखकर उनका प्रजनन कराने के प्रयास हो रहे हों। इसके साथ ही सुप्रीम कोर्ट ने तीन सदस्यीय समिति का गठन किया। हाईवोल्टेज ओवरहेड लाइन को भूमिगत करने में आने वाली तकनीकी और वित्तीय दिक्कतों के लिए कोर्ट ने इस समिति के पास जाने के लिए कहा।

इसके साथ ही पावर लाइनों पर बर्ड डाइवर्टर लगाने को भी कहा गया। यह एक प्रकार के रिफ्लेक्टर होते हैं जिन्हें बिजली की तारों पर थोड़ी-थोड़ी दूर पर लगा दिया जाता है। माना जाता है कि इसे 50 मीटर की दूरी से पक्षी द्वारा देखा जा सकेगा और इतनी दूरी से अपने रास्ते में अवरोध पाकर पक्षी अपनी उड़ान को उस अनुसार सन्तुलित कर लेगा या अपना रास्ता बदल लेगा।

जैकब कोशी की रिपोर्ट बताती है कि सुप्रीम कोर्ट द्वारा गठित तीन सदस्यीय समिति के पास अभी तक राजस्थान में गोडावण के आवास क्षेत्र से गुज़रने वाली 3260 किलोमीटर की लम्बाई वाली प्रस्तावित पावर लाइन के आवेदन आये हैं, जिनमें से 98 फ़ीसदी में समिति ने सुधार किया है जबकि दो फ़ीसदी को ख़ारिज कर दिया। वहीं, गुजरात में मौजूद गोडावण के प्राकृतिक आवास क्षेत्र से गुज़रने वाली 4132 किलोमीटर पावर लाइन के प्रस्ताव आये हैं। जिनमें से 82 फ़ीसदी में सुधार किया गया और 18 फ़ीसदी को मना कर दिया गया। हालाँकि पहले से मौजूद पावर लाइन के लिए समिति के पास प्रस्ताव नहीं आये हैं।

हम देख सकते हैं कि गोडावण संरक्षण का मसला यहाँ पर बहुत सारे क़ानूनी दाँवपेंच, वित्तीय और तकनीकी उलझनों में फँसा हुआ है। ख़बरों के मुताबिक़ जैसलमेर ज़िले के ढोलिया पंचायत क्षेत्र के गंगाराम की धानी में 23 मार्च 2023 को गोडावण के अवशेष मिले थे। हाईटेंशन पावर लाइन से होने वाली सबसे ताज़ी मौत इसी को माना जा सकता है।

राष्ट्रीय पक्षी बनते-बनते रह गया गोडावण

हो सकता है कि यह जानकर आपको हैरत हो कि कभी गोडावण देश का राष्ट्रीय पक्षी बनने की दौड़ में शामिल था। इसके राष्ट्रीय पक्षी चुने जाने के भी काफ़ी आसार थे। क्योंकि महान पक्षी विज्ञानी डॉ. सालिम अली ख़ुद इस ग्रेट इंडियन बस्टर्ड को राष्ट्रीय पक्षी बनाने के पक्ष में थे।

वर्ष 1960 में हुए अन्तरराष्ट्रीय पक्षी संरक्षण परिषद (इंटरनेशनल काउंसिल फॉर बर्ड प्रिजर्वेशन) के टोक्यो सम्मेलन में तय किया गया कि सभी देशों का एक राष्ट्रीय पक्षी होना चाहिए। जिसके बाद भारत में भी राष्ट्रीय पक्षी तय करने की प्रक्रिया शुरू की गयी। भारत के बर्डमैन के नाम से मशहूर डॉ. सालिम अली ग्रेट इंडियन बस्टर्ड को भारत का राष्ट्रीय पक्षी बनाये जाने के समर्थक थे। उन्होंने पुरज़ोर तरीक़े से ग्रेट इंडियन बस्टर्ड को भारत का राष्ट्रीय पक्षी बनाने की वकालत की। उनका कहना था कि यह पक्षी एक विशालकाय पक्षी होता है, आसानी से पहचाना जा सकता है, भारत के एक बड़े भू-भाग

पर इसकी मौजूदगी रही है। ऐसे में अगर इसे राष्ट्रीय पक्षी घोषित किया जाता है तो इसके संरक्षण के लिए किये जाने वाले प्रयासों में तेज़ी आयेगी और इस पक्षी को बचाना सम्भव हो सकेगा। उन्होंने अलग-अलग मंचों पर ग्रेट इंडियन बस्टर्ड को राष्ट्रीय पक्षी बनाये जाने को लेकर अपना पक्ष रखा। उनका कहना था कि ग्रेट इंडियन बस्टर्ड एक ऐसा पक्षी है जो भारत का स्थानीय पक्षी है। इसके चलते भी इसे राष्ट्रीय पक्षी बनाया जाना चाहिए।

हालाँकि इस पर सहमति नहीं बन पायी और बाद में वर्ष 1963 में मोर को भारत का राष्ट्रीय पक्षी बनाया गया। माना जाता है कि ग्रेट इंडियन बस्टर्ड को राष्ट्रीय पक्षी नहीं बनाये जाने के पीछे अन्य कारणों के अलावा उसके नाम का भी हाथ रहा है। कहा जाता है कि इस बात के अन्देशे जताये गये थे कि द ग्रेट इंडियन बस्टर्ड को ग़लत उच्चारण के चलते ग्रेट इंडियन बास्टर्ड भी समझा जा सकता है। इसलिए ऐसे पक्षी को राष्ट्रीय पक्षी नहीं चुना जाना चाहिए। जिसके नाम के चलते ऐसी गड़बड़ी या जगहँसाई होने की आशंका हो। ख़ैर, वजह चाहे जो भी हो लेकिन यह सहज ही कहा जा सकता है कि राष्ट्रीय पक्षी बनाये जाने पर इस बात की पूरी सम्भावना थी कि ग्रेट इंडियन बस्टर्ड के संरक्षण के लिए ज़्यादा प्रयास किये जाते और हो सकता है कि यह पक्षी आज की तरह विलुप्ति के संकट का सामना नहीं कर रहा होता।

मोर को राष्ट्रीय पक्षी चुने जाने के पीछे पारम्परिक और धार्मिक परिप्रेक्ष्यों को ज़्यादा बड़ा कारण माना जाता है। मोर पक्षी भारत के एक बड़े भू-भाग में लोगों की धार्मिक और पारम्परिक प्रतीकों में शामिल रहा है। श्रीकृष्ण के मुकुट में लगे हुए मोर के पंख को सहज ही देखा जा सकता है। भगवान कार्तिकेय की सवारी मोर है। मोर भी भारत के एक बड़े भूभाग में पाया जाता है। इसकी ख़ूबसूरती और गरिमा का तो हर कोई कायल रहता है। मोर को लेकर बहुत सारे लोगों में एक ख़ास क़िस्म का लगाव रहा है। इन्हीं सब कारणों से भारत के राष्ट्रीय प्रतीकों में मोर को भी शामिल किया गया। हालाँकि, बाद में वर्ष 1981 में राजस्थान ने गोडावण को अपना राज्य पक्षी घोषित किया।

आज ये ख़ासतौर पर पश्चिमी राजस्थान की पहचान बन गये हैं। मुझे यह पंक्तियाँ इंटरनेट पर ही मिली हैं और मुझे इसके वास्तविक रचयिता का पता नहीं, फिर भी उन्हें यहाँ उल्लिखित करने के लोभ को संवरण करना मेरे लिए मुश्किल है...

ऊँचा-ऊँचा घोरा अठै, लाम्बो रेगिस्तान
कोसा कोस रूंख कोनी, तपतो राजस्थान
फोगला अर कैर अठै, करै भौम पर राज
गोडावण रा जोड़ा अठै, मरुधर रा ताज।

(ऊँचे-ऊँचे रेत के टीले यहाँ हैं, यह लम्बा रेगिस्तान है। कोसों तक कोई पेड़ नहीं, यह गर्मी में तपता है। फोगल और कैर के पेड़ ही यहाँ हैं जो रेगिस्तान के राजा बने हुए हैं। गोडावण पक्षियों के जोड़े यहाँ विचरण करते हैं और ये ही मरु भूमि के मुकुट हैं।)

अध्याय : 4

गोडावण संरक्षण के लिए किये जा रहे प्रयास

ग्रेट इंडियन बस्टर्ड के संरक्षण के लिए लम्बे समय से अलग-अलग प्रयास किये जा रहे हैं। इसमें पर्यावास में सुधार से लेकर गोडावण के क्षेत्र में मानव जनित गतिविधियों की सीमित करने और गोडावण संरक्षण के लिए संरक्षित क्षेत्र घोषित करने जैसे तमाम क़दम शामिल हैं। इसके अलावा, गोडावण रिकवरी कार्यक्रम भी चलाया जा रहा है। हालाँकि, इन क़दमों की सफलता का प्रतिशत क्या रहा है और इसका इस प्रजाति के संरक्षण पर कितना असर पड़ेगा, अन्तिम तौर पर इसे अभी कहना मुश्किल है। हालाँकि, हाल के दिनों में रिकवरी कार्यक्रम को अच्छी सफलता मिली है और इससे इस पक्षी के संरक्षण की उम्मीदें बढ़ी ज़रूर हैं। यहाँ पर हम गोडावण के संरक्षण के लिए उठाये जाने वाले क़दमों की जानकारी लेंगे।

गोडावण को वन्यजीव (प्रोटेक्शन) एक्ट 1972 के तहत शिड्यूल वन में रखा गया है। इस अधिनियम के ज़रिये वन्यजीवों, पक्षियों और पौधों की प्रजातियों को संरक्षण प्रदान किया जाता है। उनके पर्यावास और पारिस्थितिकी का संरक्षण भी इसमें शामिल है। इसके साथ ही उनके शिकार पर पूरी तरह से रोक घोषित होती है और ऐसा करने वाले को सज़ा का भी प्रावधान है।

इसके बावजूद गोडावण के जीवन पर संकट बना रहा है। वर्ष 1994 में ग्रेट इंडियन बस्टर्ड को इंटरनेशनल यूनियन फॉर कंजर्वेशन ऑफ़ नेचर (आईयूसीएन) की संकटग्रस्त प्रजातियों की लाल सूची में इंडेजर्ड स्पीशीज (संकटग्रस्त या लुप्तप्राय प्रजाति) के तौर पर शामिल कर लिया गया।

वर्ष 2011 तक गोडावणों के संरक्षण में उठाये जाने वाले क़दम पर्याप्त साबित नहीं हुए और इनकी संख्या में और भी ज़्यादा गिरावट दर्ज की गयी। जिसके चलते 2011 में आईयूसीएन ने गोडावण की श्रेणी में बदलाव करते हुए इसे क्रिटिकली इंडेजर्ड (गम्भीर रूप से संकटग्रस्त या लुप्तप्राय प्रजाति) की श्रेणी में रख दिया। इससे इस प्रजाति के जीवन पर छाये संकट को समझा जा सकता है। राजस्थान सरकार के वन विभाग द्वारा प्रोजेक्ट ग्रेट इंडियन बस्टर्ड पर जारी रिपोर्ट कहती है कि 1978 में इनकी संख्या 745 थी। जो कि वर्ष 2001 में घटकर 600 रह गयी। 2008 तक यह संख्या और घटकर 300 पर पहुँच गयी। वर्ष 2013 तक इनकी संख्या 125 से ज़्यादा नहीं बची है। राजस्थान सरकार की ओर से ख़ासतौर पर राष्ट्रीय मरु उद्यान (डिजर्ट नेशनल पार्क) में गोडावण के संरक्षण के अलग-अलग प्रयास किये जा रहे हैं। थार के रेगिस्तान में तीन हज़ार किलोमीटर से ज़्यादा क्षेत्र में फैले राष्ट्रीय मरु उद्यान को वर्ष 1980 में अधिसूचित किया गया। यह मुख्यत: राजस्थान के जैसलमेर और बाड़मेर ज़िले में पड़ता है। आज गोडावणों की बची-खुची आबादी का अस्सी फ़ीसदी तक हिस्सा इसी जगह पर रहता है। इसीलिए संरक्षण की दृष्टि से इसे सबसे ज़्यादा महत्त्वपूर्ण स्थान माना जा रहा है। राजस्थान सरकार द्वारा पर्यावास को सुरक्षित बनाने, मानवजनित गतिविधियों को दूर रखने, शिकारियों की धर-पकड़ के लिए व्यापक नेटवर्क तैयार करने, लोगों को जागरूक बनाने जैसे तमाम क़दमों के उठाये जाने की जानकारी दी गयी है।

इन सोलह जगहों पर हुई गोडावण के संरक्षण की कोशिश

जुलाई 2018 में कैम्ब्रिज जर्नल में प्रकाशित एक शोध के मुताबिक़ डिजर्ट नेशनल पार्क समेत कुल मिलाकर सोलह जगहों पर गोडावण के संरक्षण का प्रयास किया गया। ये जगहें आन्ध्र प्रदेश, गुजरात, कर्नाटक, मध्य प्रदेश, महाराष्ट्र और राजस्थान यानी कुल छह राज्यों में मौजूद रही हैं। इसमें मौजूदा और प्रस्तावित दोनों ही संरक्षण क्षेत्र शामिल हैं। इनमें राजस्थान के कुंदापुर क्लोज्ड एरिया, शोखलिया क्लोज्ड एरिया, डिजर्ट नेशनल पार्क और बेथनोक रेंज बीकानेर शामिल हैं। जबकि, महाराष्ट्र में बस्टर्ड सेंचुरी, मध्य प्रदेश में

करेरा बस्टर्ड सेंचुरी, घाटीगाँव बस्टर्ड सेंचुरी और पोहरी बस्टर्ड एरिया शामिल हैं। वहीं, कर्नाटक में रन्नीबेन्नूर ब्लैकबक सेंचुरी, गुत्ताल प्लांटेशन, बेगलकोट प्लांटेशन और गुजरात में भाटिया कल्याणपुर एरिया, बन्नी ग्रासलैंड, अबडेस तालुका और आन्ध्र प्रदेश में रोल्लपाडु सेंचुरी और बेंगनपल्ली क्लोज्ड एरिया शामिल है।

इन्सानों को सेना पड़ रहा है गोडावण के अण्डे

पहले के अध्याय में हम एक जगह पर ज़िक्र कर चुके हैं कि कैसे गोडावण के घोंसलों की पहचान उनके शिकार के लिए की जाती थी। कुछ लोग हैं जो आज भी गोडावण के घोंसलों की तलाश करते हैं। ख़ासतौर पर ऐसे घोंसलों की, जिसमें अण्डे मौजूद हों। लेकिन, अब इसका उद्देश्य पूरी तरह से बदल चुका है। गोडावणों के इन अण्डों को इन्सानों द्वारा सेया जा रहा है। ताकि उनमें से बच्चे निकलने में कोई व्यवधान नहीं हो और बच्चों को सही तरीक़े से बड़ा कर उसके पर्यावास में छोड़ा जा सके।

दरअसल, ग्रेट इंडियन बस्टर्ड की संख्या आज जहाँ पर पहुँच चुकी है, वहाँ पर उनके विलुप्त होने का ख़तरा एकदम सिर पर है। इतनी कम संख्या के बावजूद उनकी असमय मृत्यु के कारक भी लगातार बने हुए हैं और उनके चलते गोडावणों की मौत भी हो रही है। कम संख्या के चलते कई जगहों पर गोडावण ऐसी भी स्थिति में पहुँच गये हैं कि उनके द्वारा प्रजनन की उम्मीद क्षीण हो चुकी है। जैसे किसी जगह पर अगर सिर्फ़ दो या तीन मादाएँ ही बची हों तो उनके द्वारा प्रजनन की सम्भावना कैसे हो सकती है। ऐसे में उनका एक-एक करके खतम हो जाना ही सम्भावित है। विशेषज्ञों का मानना है कि डिजर्ट नेशनल पार्क ही ऐसी जगह है जहाँ पर गोडावणों के प्रजनन और उनके पोषण की तुलनात्मक तौर पर सबसे ज़्यादा अच्छी परिस्थितियाँ अभी भी मौजूद हैं। लेकिन, यहाँ भी इन पक्षियों की संख्या जितनी कम बची हुई है, उसमें अगर संरक्षण के प्रयास सफल नहीं होते हैं तो पूरी प्रजाति ही विलुप्त हो जायेगी।

ऐसे में वर्ष 2013 के लगभग नेशनल बस्टर्ड रिकवरी प्लान की शुरुआत की गयी। इसमें गोडावण के पर्यावास को ज़्यादा से ज़्यादा सुरक्षित बनाने, प्रजनन को बढ़ाने के साथ-साथ संरक्षण में प्रजनन को बढ़ाने के कार्यक्रम

पर भी काम शुरू किया गया। लगभग दस सालों में इस कार्यक्रम ने तमाम सफलताओं को अर्जित किया है।

भारतीय वन्यजीव संस्थान द्वारा जारी हैबीटेट इम्प्रूवमेंट एंड कंजर्वेशन ब्रीडिंग ऑफ़ ग्रेट इंडियन बस्टर्ड रिपोर्ट इस कार्यक्रम में अभी तक हुई प्रगति की जानकारी देती है। संरक्षण में प्रजनन को बढ़ावा देने का उद्देश्य यह है कि इससे गोडावणों की एक अच्छी संख्या कैप्टिविटी में मौजूद रहेगी। ऐसे में अगर किन्हीं दुर्भाग्यपूर्ण स्थितियों में प्राकृतिक पर्यावासों से यह पक्षी विलुप्त भी होता है तो गोडावणों की यह संख्या इस प्रजाति को आगे बढ़ाने में काम आयेगी। यह एक प्रकार के इंश्योरेंस जैसा है। जिसमें भविष्य की आशंकाओं को देखते हुए पहले ही इस प्रकार के निवेश किये जाते हैं, ताकि किसी अनपेक्षित जोखिम वाली स्थिति का सामना किया जा सके।

यूँ तो डिजर्ट नेशनल पार्क में गोडावणों के संरक्षण के तमाम प्रयास किये गये हैं और किये जा रहे हैं। कँटीले तारों की इस तरह की बाड़ लगायी गयी है कि मानव जनित गतिविधियों की रोक गोडावण के क्षेत्र में हो सके। आवारा कुत्तों के झुण्ड को गोडावण के संरक्षित क्षेत्र में पहुँचने से रोका जा सके। मवेशियों की वहाँ तक पहुँच नहीं हो सके। क्योंकि, आवारा कुत्तों के झुण्ड से गोडावण के अण्डों और चूजों को ख़तरा होता है। मवेशियों के पैरों के नीचे आकर भी अण्डे टूट सकते हैं। प्राकृतिक पर्यावास में लोमड़ी, नेवलों, मानीटर लिजार्ड और कौव्वों से अण्डों के नष्ट होने का ख़तरा होता है। चूजों की जान भी ख़तरे में होती है। इन्हीं सब वजहों को देखते हुए बस्टर्ड रिकवरी प्रोग्राम में कंजर्वेशन ब्रीडिंग की शुरुआत की गयी।

इसके पहले चरण में पक्षी विशेषज्ञ, शोध छात्र, स्वयंसेवी आदि भारतीय वन्यजीव संस्थान के विशेषज्ञों के निर्देशन में गोडावण के जीवन चक्र की निगरानी करते हैं। ख़ासतौर पर प्रजनन काल में उनके घोंसलों का पता लगाया जाता है। चूँकि यह पक्षी घोंसला बनाने के लिए ख़ास जतन नहीं करता है। जैसे कि अन्य पक्षी करते हैं कि घास-फूँस आदि एकत्रित करते हैं या लकड़ियों के ढेर को इस तरह से सजाते हैं कि उसमें अण्डे रखे जा सकें। गोडावण ज़मीन पर ही थोड़ी-सी ढाल जैसी जगह को ही घोंसले की तरह इस्तेमाल करते हैं

और उसी में अण्डे देते हैं। पक्षी विशेग्य्ज्ञ ऐसे ही समय का इन्तज़ार करते हैं। जब घोंसलों में अण्डे आ जाते हैं तो फिर वे उसे कंजर्वेशन ब्रीडिंग के लिए उठा लेते हैं। आमतौर पर अगर पक्षी ने दो अण्डे दिये हैं, तो एक अण्डा छोड़ दिया जाता है।

गोडावण पक्षी की आदतों का बारीकी से अध्ययन कर ही उसके घोंसले की तलाश की जा सकती है। आमतौर पर पक्षी ऐसी जगह पर अण्डे देते हैं, जिसके आसपास कम ऊँचाई की घास मौजूद होती है। ताकि, जब वह अण्डे सेने के लिए उस पर बैठे तो भी उसे अपने आसपास आ रहा कोई ख़तरा दूर से ही दिखाई पड़ सके। अण्डा सेने के दौरान मादा अपने घोंसले के आसपास ही खाना ढूँढ़ने के लिए जाती है। ऐसे में जब कोई मादा कुछ दिनों तक लगातार एक ही जगह के आसपास अपना खाना चुगती हुई दिखती है तो अन्दाज़ा लग जाता है कि शायद पचास मीटर के दायरे में ही उसका घोंसला कहीं पर है। इसी आधार पर उसके घोंसले को तलाश लिया जाता है।

भारतीय वन्यजीव संस्थान की रिपोर्ट बताती है कि वर्ष 2022 में इसी तरह से गोडावण के नौ अण्डे प्राकृतिक पर्यावास से जुटाये गये। जिन्हें सम कंजर्वेशन ब्रीडिंग सेंटर में लाकर आवश्यक स्थितियों में रखा गया, उन्हें गर्मी दी गयी, जिसके बाद उसमें से बच्चे निकले हैं। कुछ दिन की देखभाल के बाद चूजों को रामदेवरा कंजर्वेशन ब्रीडिंग सेंटर में शिफ्ट किया गया। बस्टर्ड रिकवरी पोग्राम की वार्षिक रिपोर्ट 2022-23 बताती है कि फ़िलहाल यहाँ पर संरक्षित प्रजनन के लिए गोडावण की एक आबादी बन गयी है। इसमें सात नर, पन्द्रह मादा गोडावण और एक चूजा मौजूद है।

रिपोर्ट इन अण्डों को प्राकृतिक पर्यावास से एकत्रित करने, उन्हें ब्रीडिंग सेंटर तक लाने, उसे इंक्यूबेशन में रखने और निकले हुए चूजों की देखभाल के बारे में भी जानकारी देती है।

रिपोर्ट के मुताबिक़ प्राकृतिक पर्यावास से एकत्रित किये गये गोडावण के नौ अण्डों को एक गद्देदार बाक्स में या फिर पोर्टेबल इंक्यूबेटर में रखकर लाया गया। अण्डों को नुक़सान नहीं पहुँचे इसलिए वाहन की गति धीमी रहती है। अण्डों को किसी भी तरह के धक्कों से बचाया जाता है और वाहन में भी

तापमान को नियन्त्रित रखा जाता है। इस तरह की सावधानियों के साथ अण्डों को सम कंजर्वेशन ब्रीडिंग सेंटर लाया जाता है। यहाँ पर इंक्यूबेशन कमरे का तापमान 20 से 25 डिग्री सेल्सियस रखा जाता है। जबकि नमी का स्तर 30 से 40 फ़ीसदी तक रखा जाता है। अण्डों को ब्रिन्सी ओवेशन इंक्यूबेटर में 37.5 डिग्री सेल्सियस तापमान पर रखा गया। अण्डों की ज़रूरत के अनुसार आर्द्रता के स्तर को नियन्त्रित किया गया। अण्डों की निगरानी रोज़ाना ही अच्छी तरह से की गयी और यह देखा गया कि उनमें क्या विकास हो रहा है। जब यह देखा जाता है कि अण्डे में से बच्चे निकलने वाले हैं तो उन्हें हैचर में लाया जाता है। जहाँ पर तापमान 37 डिग्री और आर्द्रता का स्तर 55-65 फ़ीसदी तक रखा जाता है। एकत्रीकरण से लेकर अण्डे में से बच्चा निकलने तक कुल मिलाकर छह से 22 दिन तक समय लगता है।

अण्डे से निकलने वाले चूजों को 24 से 36 घण्टों तक ब्रूडर में रखा जाता है। इसके बाद एक दिन की आयु वाले चूजों को चिक रेयरिंग रूम या चूजा देखभाल कक्ष में लाया जाता है। यहाँ पर तापमान 27 से 30 डिग्री सेल्सियस और आर्द्रता का स्तर 30 से 40 के बीच रखा जाता है। चूजों को पारदर्शी बाक्स में रखा जाता है, जिसके नीचे रबर की मैट लगी होती है जबकि लैम्प जलाकर उन्हें गर्मी दी जाती है। चूजों को अलग-अलग या अगर वे साथ-साथ निकले हैं तो उन्हें जोड़े में भी रखा जा सकता है। उनकी लगातार निगरानी और देखभाल की जाती है। उन्हें सन्तुलित सर्वाहारी आहार दिया जाता है। जिसमें मील वर्म, झिंगुर, चूहे, अल्फाल्फा (मेथी या बरसीम जैसी एक वनस्पति), अनार, तरबूज आदि खिलाया जाता है। बड़े होने के साथ ही उनके आहार में ड्राई बैलेंस्ड पैलेट को शामिल किया जाता है, जिसमें 24 फ़ीसदी तक क्रूड प्रोटीन होते हैं। दस दिन का होने के बाद उन्हें नियमित तौर पर बाहर ले जाया जाता है, ताकि उनका शरीर चले और शारीरिक अभ्यास बने। इन्सानों द्वारा सेये और पाले गये इन बच्चों को तब तक चूजा पालन कक्ष में रखा जाता है जब तक कि वे तीस दिन के नहीं हो जाते हैं।

रिपोर्ट बताती है कि वर्ष 2022 में अण्डे से बाहर निकले हुए नौ चूजों को सम सीबीसी से रामदेवरा सेंटर में शिफ्ट किया गया। चूँकि इन दोनों सेंटर

के बीच की दूरी लगभग 160 किलोमीटर है। जिसे पूरा होने में तीन से चार घण्टे का समय लगना था। इसलिए पक्षियों को वहाँ तक ले जाने के लिए पहले से ही पूरी तैयारी की गयी। इस दौरान उन्हें कोई चोट या परेशानी नहीं हो, इसके इन्तजाम किये गये। जबकि, किसी भी प्रकार के विघ्न से बचने के लिए यह यात्रा रात के समय की गयी। रामदेवरा सीबीसी में जाल से घिरा हुआ एक इनडोर यूनिट है और एक आउटडोर यूनिट है। यहाँ पर दिन के समय अल्पवयस्क गोडावणों को आउटडोर यूनिट में रखा जाता है। जहाँ पर उन्हें उनके पर्यावास जैसा अनुभव कराया जाता है। जबकि, रात या ख़राब मौसम के समय वे इनडोर यूनिट में रखे जाते हैं। धीरे-धीरे उन्हें सन्तुलित आहार दिया जाता है और वैक्सीनेशन और सेहत पर भी गहराई से निगाह रखी जाती है।

वहीं, सम सीबीसी में रहने वाले वयस्क गोडावण पक्षियों को ऊपर लगे हुए जाल जैसे हिस्से में रखा जाता है। जहाँ पर उन्हें दिन के कुछ घण्टे ज़रूर एक हिस्से से दूसरे हिस्से के बीच चलाया जाता है। इन पक्षियों को 14-18 फ़ीसदी क्रूड प्रोटीन वाले सूखे सन्तुलित पैलेट का आहार दिया जाता है। इसके अलावा, उन्हें ज़िन्दा कीट और फल, सब्ज़ियाँ आदि भी खिलायी जाती हैं। बड़ी बीमारियों के प्रति उनका टीकाकरण किया गया है और सेहत पर लगातार निगरानी की जाती है।

वहीं, गोडावण के प्रजनन को लेकर कुछ अनूठे प्रयोग भी किये गये हैं। रिपोर्ट के मुताबिक़ प्रोजेक्ट में शामिल टीम ने निराली जम्प-स्टार्ट तकनीक का भी इस्तेमाल किया है। इस तकनीक में प्राकृतिक पर्यावास से किसी गोडावण के घोंसले से अण्डे निकाल लिए जाते हैं और उन्हें सैम सीबीसी में सेने का काम किया गया। अण्डे से बच्चा निकलने से ठीक पहले ही उसे दोबारा उस घोंसले में ले जाकर रख दिया गया। इस घोंसले के पास सीसीटीवी लगा दिया गया ताकि वहाँ पर होने वाली गतिविधि पर नज़दीकी से निगाह रखी जा सके। इस तरह का पहला प्रयोग सफल रहा है और अण्डे से निकलने वाला बच्चा जीवित बचा हुआ है। ग्रेट इंडियन बस्टर्ड के अण्डों के नष्ट होने या किसी का शिकार बन जाने की दर को देखते हुए इस तरह की तकनीक पर भी आगे काम किया जा रहा है। दरअसल, अण्डे को घोंसले से लाकर उसे इंक्यूबेशन मशीन

में रखकर सेने का काम पूरा हो जाता है। इससे अण्डा बहुत सारे ख़तरों से बच जाता है। लेकिन, जब अण्डे से बच्चा बाहर आने वाला होता है तो उसे घोंसले में रख दिया जाता है। इस पर मादा उसका प्राकृतिक तरीक़े से ही पालन पोषण करती है। इससे बच्चे के जंगल के अनुकूल रहने, उसी में ढल जाने और उसमें जीवित बचे रहने की सम्भावना बढ़ जाती है।

कंजर्वेशन ब्रीडिंग सेंटर की सबसे बड़ी उपलब्धियों में से एक वर्ष 2023 के मार्च महीने में भी सामने आयी है। सम सेंटर में रहने वाली दो मादा गोडावणों ने एक नर गोडावण के साथ जोड़ा बनाया और अण्डे दिये। कृत्रिम तरीक़े से किये गये इंक्यूबेशन के ज़रिये इनमें से एक अण्डे से मार्च 2023 में चूजा पैदा हुआ। यह पहला मौक़ा है जब ग्रेट इंडियन बस्टर्ड का प्रजनन कैप्टिविटी की स्थिति में कराने में सफलता मिली है। इस प्रजाति के संरक्षण में इसे भी एक मील का पत्थर माना जाता है। क्योंकि, इससे संरक्षण की अवस्था में गोडावणों की आबादी के निर्माण की सम्भावना बढ़ गयी है।

अध्याय : 5

बस्टर्ड : पक्षियों का एक विस्तृत खानदान

यहाँ पर आने के साथ ही बस्टर्ड के पूरे खानदान पर एक विहंगम दृष्टि डाल लेना उचित होगा। बस्टर्ड क्या होता है। आसान शब्दों में यह कहा जा सकता है कि यह पक्षियों का एक अनूठा खानदान है, जो ज़मीन पर रहने में ही विश्वास करता है। आप जानते हैं कि पहले लोगों को अमेरिका महाद्वीप के बारे में पता नहीं था। जब अमेरिका महाद्वीप की खोज हुई और यह समझा गया कि यह एक नयी जगह है तो उसे न्यू वर्ल्ड कहा गया। इस बात से आशय सिर्फ़ इतना है कि बस्टर्ड पुरानी दुनिया यानी ओल्ड वर्ल्ड का पक्षी है। यह अमेरिका महाद्वीप में नहीं पाया जाता। जबकि, पुरानी दुनिया में अफ्रीका, यूरोप, एशिया और ऑस्ट्रेलिया तक में इस पक्षी का रहवास है।

तुलनात्मक तौर पर बस्टर्ड बड़े आकार के पक्षी होते हैं। माना जाता है कि बस्टर्ड की सभी प्रजातियों में ग्रेट बस्टर्ड सबसे बड़ा होता है। इसका वज़न 24 किलोग्राम तक भी होने की बात कही जाती है। इसी के चलते इसे दुनिया का सबसे बड़ा उड़ने वाला पक्षी भी कहा जाता है। यूँ तो शुतुरमुर्ग सबसे बड़ा पक्षी है। लेकिन वह उड़ नहीं सकता है। उड़ने की क़ाबिलियत होने के बावजूद भारी वज़न के चलते बस्टर्ड को उड़ने में थोड़ी परेशानी होती है। ग्रेट इंडियन बस्टर्ड को भी उड़ान भरने से पहले अक्सर ही चार-पाँच क़दम तेज़ दौड़ना पड़ता है।

बस्टर्ड पक्षी को खुले मैदान, छोटी झाड़ियों और सपाट घास के मैदान वाले क्षेत्र, अर्ध रेगिस्तानी इलाक़े, कंकरीले पठार, ऊँचे-नीचे घास के मैदान

पसन्द हैं। अफ्रीका से लेकर एशिया, यूरोप और ऑस्ट्रेलिया तक इसकी अलग-अलग प्रजातियाँ ऐसे ही पर्यावास में निवास करती हैं। बस्टर्ड का पूरा शरीर ज़मीन पर चलने-फिरने-दौड़ने-भागने के सर्वथा उपयुक्त होता है। तुलनात्मक तौर पर चोंच छोटी होती है। पैर और गर्दन लम्बी होती है। लम्बी और मज़बूत टाँगों पर बस्टर्ड का मज़बूत और सुडौल शरीर टिका होता है। पैर में तीन उँगलियाँ होती हैं। पीछे वाली उँगली जिसे हाइंड टो कहा जाता है, इन पक्षियों में नहीं होता है। बस्टर्ड पक्षियों की पूँछ भी उनके शरीर और वज़न की तुलना में छोटी होती है।

माना जाता है कि बस्टर्ड पक्षियों का उद्भव अफ्रीकी-उष्णकटिबन्धीय क्षेत्र में हुआ। यह भी अनुमान किया जाता है कि लगभग साढ़े सात से आठ करोड़ साल पहले क्रेन कुल और बस्टर्ड कुल अलग-अलग हो गये। जबकि, बस्टर्ड कुल का अलग-अलग जातियों में विकसित होना या बँटना ढाई करोड़ साल से भी पहले से होना शुरू हो गया था। बाम्बे नेचुरल हिस्ट्री सोसायटी द्वारा वर्ष 2016 में ग्रेट इंडियन बस्टर्ड पर जारी विशेष अंक के मुताबिक़ दुनिया भर में बस्टर्ड की 26 प्रजातियाँ रहती हैं।

बीएनएचएस के उसी अंक में दी गयी सूची से बस्टर्ड की 26 प्रजातियों के नाम उनके जीनस के साथ यहाँ पर दिये जा रहे हैं...

जीनस लिसिओटिस...ब्लैक बेलीड बस्टर्ड व हार्टलौब्स बस्टर्ड

जीनस आर्डिओटिस...अरेबियन बस्टर्ड, ऑस्ट्रेलियन बस्टर्ड, कोरी बस्टर्ड, ग्रेट इंडियन बस्टर्ड

जीनस नियोटिस...नूबियन बस्टर्ड, लुडविग्स बस्टर्ड, डेन्हेम्स बस्टर्ड या स्टेनले बस्टर्ड, ह्यूग्लिन्स बस्टर्ड

जीनस टेट्रेक्स...लिटिल बस्टर्ड

जीनस हाउबोरोप्सिस...बंगाल बस्टर्ड या बंगाल फ्लोरिकन

जीनस सीफियोटीडिस...लेसर फ्लोरिकन

जीनस लोफिओटिस—सेविल्स बस्टर्ड, बफ क्रेस्टेड बस्टर्ड, रेड क्रेस्टेड बस्टर्ड या रेड क्रेस्टेड कोरहान, ग्रेट बस्टर्ड

जीनस क्लेमाइडोटिस...हाउबारा बस्टर्ड, मैक्वीन बस्टर्ड (एशियन हाउबारा)

जीनस अफ्रोरिट...साउदर्न ब्लैक बस्टर्ड, नार्दर्न ब्लैक बस्टर्ड

जीनस यूपोडोटिस...ब्लू बस्टर्ड या ब्लू कोरहान, व्हाइट बेलीड बस्टर्ड या व्हाइट बेलीड कोरहान या बारोस, लिटिल ब्राउन बस्टर्ड, कारू बस्टर्ड या कारू कोरहान, रप्पेल्स बस्टर्ड

शिकार और पर्यावास में बदलाव से अस्तित्व पर संकट

बस्टर्ड पक्षियों के इस विस्तृत खानदान को देखकर सहज ही समझा जा सकता है कि लाखों सालों के विकास क्रम में इन पक्षियों की अलग-अलग प्रजातियों ने अलग-अलग जगहों के अनुकूल अपने शरीर को ढाल लिया या उनकी विशिष्टताओं के साथ ही उनकी शारीरिक ख़ूबियों का विकास हुआ। अपने पर्यावास में वे बेहद सफल साबित होने वाली प्रजातियाँ रही हैं। लेकिन बस्टर्ड जिन खुले मैदानों, अर्ध रेगिस्तानी इलाक़ों, कंकरीले पठारों में रहते रहे हैं, कुछ सालों में उन्हें बंजर या बेकार ज़मीन समझा जाने लगा है या फिर उन्हें मवेशियों के लिए चरागाह माना जाता है। इसी अनुसार इस ज़मीन का भू-उपयोग बदलने के प्रयास किये जा रहे हैं। माना जा सकता है कि यह सब महज़ बीते सौ-दो सौ सालों में ही हुआ है। दुनिया भर में बस्टर्ड जिन पर्यावासों में रहते रहे हैं, वहाँ पर उन्हें बदलाव का सामना करना पड़ रहा है। इसके चलते बस्टर्ड की अलग-अलग प्रजातियाँ संकट का सामना कर रही हैं।

इसके साथ ही एक बात और भी ध्यान देने की है। बस्टर्ड की अलग-अलग प्रजातियों का शिकार भी लम्बे समय से किया जा रहा है। लेकिन, उस समय इन पक्षियों का शिकार करना आसान नहीं था। बड़े आकार के चलते ग्रेट इंडियन बस्टर्ड को दूर से ही देखा जा सकता है। इसके चलते यह पक्षी अतिरिक्त चौकन्ना रहता है। किसी सम्भावित ख़तरे को देखते ही यह उससे दूर जाने लगता है। अगर फिर वह ख़तरा उसके क़रीब आने की कोशिश करता है तो वह उड़कर कुछ ज़्यादा दूर चला जाता है।

पहले तीर-धनुष आदि के ज़रिये किये जाने वाले शिकार में ग्रेट इंडियन बस्टर्ड को मारना आसान नहीं था। बहुत ही चालाकी, सूझ-बूझ और पक्षी की

आदतों की जानकारी रखने वाले ही इसका शिकार करने में सफल हो पाते थे। इससे होता यह था कि शिकार भले ही हो लेकिन पक्षी के ऊपर विलुप्त होने का ख़तरा नहीं मँडराता था। लेकिन बन्दूक़ों और मोटर वाहनों के आने के बाद स्थिति बदल गयी।

ऐसा ही उदाहरण हम मैक्वीन बस्टर्ड या हाउबारा बस्टर्ड या एशियन बस्टर्ड का भी देख सकते हैं। अरब देशों में मैक्वीन बस्टर्ड का शिकार फॉल्कन पक्षियों के ज़रिये किया जाता रहा है। इस तरह के शिकार ने वहाँ पर एक परम्परा जैसा रूप ले लिया है। भारत में इस पक्षी को तिलोर भी कहा जाता है। भारत के कुछ हिस्सों में ऊँटों पर सवार होकर इस पक्षी का पीछा करके शिकार किया जाता रहा है। यह भी उस समय के खेल और मनोरंजन का एक हिस्सा हुआ करता था। लेकिन इस तरह से किये जाने वाले शिकार में भी पक्षियों को मार पाना आसान नहीं रहता था। इसलिए उनका इतना ज़्यादा शिकार कभी नहीं हो पाता था कि उनके ऊपर विलुप्त होने का ख़तरा मँडराने लगे। लेकिन फिर शिकार के तरीकों में बदलाव हुआ। ऊँट की जगह जीप गाड़ियों ने ले ली और शिकारियों के हाथों में बन्दूक़ें आ गयीं। जिससे उनका शिकार आसान हो गया। एशियन बस्टर्ड के मांस को भी कुछ जगहों पर कामोत्तेज़ना बढ़ाने वाला माना जाता है। इसके चलते भी उनका ख़ूब शिकार किया गया और वे विलुप्ति की कगार पर पहुँच गये।

यानी पिछले तीन सौ सालों पर अगर हम एक उड़ती नज़र डालें तो इन्हीं वर्षों में मुख्यतः बस्टर्ड की अलग-अलग प्रजातियों पर संकट छाया है। इन तीन सौ सालों में इनका बहुत ज़्यादा शिकार हुआ, पर्यावास छिन गया, मवेशियों की बड़ी संख्या के चलते बस्टर्ड के पर्यावास चरागाह में बदल गये। बस्टर्ड पक्षी इन बदलावों के लिए तैयार नहीं थे। इसके चलते उनकी संख्या में तेज़ी से गिरावट आयी।

इसके अलावा, हाल के बीस-तीस सालों में ओवरहेड बिजली की लाइनें भी उनकी मौत की बड़ी वजह बनी हैं। इसी के चलते भारत में नहीं बल्कि अन्य देशों मे भी बस्टर्ड के पर्यावास क्षेत्र में भी ओवरहेड तारों को हटाने या उसमें बदलाव किये जाने की माँग की जाती रही है। कुछ जगहों पर ऐसे उपाय किये भी गये हैं।

गोडावण जैसे ही ख़तरे में है खरमोर

बस्टर्ड की सभी प्रजातियों की बात हो और खरमोर का ज़िक्र नहीं हो तो बात अधूरी-सी लगेगी। भारत में चार प्रकार के बस्टर्ड पाये जाते हैं। इनमें से बस्टर्ड की दो प्रजातियाँ एंडेमिक स्पीशीज हैं यानी स्थानीय प्रजाति हैं। इनमें ग्रेट इंडियन बस्टर्ड और लेसर फ्लोरिकन शामिल है। जबकि, बंगाल फ्लोरिकन की दो अलग-अलग आबादी है। एक भारत, नेपाल और बांग्लादेश में पायी जाती है और दूसरी कम्बोडिया और उसके आसपास रहती है। वहीं, मैक्वीन बस्टर्ड भी राजस्थान और गुजरात के कुछ हिस्सों में पाये जाते रहे हैं। हालाँकि, इनकी मौजूदगी मुख्यतः प्रवासी पक्षी के तौर पर ही रही है।

भारतीय उप महाद्वीप की रहवासी तीनों बस्टर्ड प्रजातियाँ संकट का सामना कर रही हैं। लेसर फ्लोरिकन को स्थानीय भाषा में खरमोर कहा जाता है। इस पर भी लगभग गोडावण जैसा ही ख़तरा है।

खरमोर भी खुले मैदानों, अर्ध शुष्क क्षेत्रों में रहने वाला पक्षी है। अगर हम बस्टर्ड की तीनों प्रजातियों पर ग़ौर करें तो ग्रेट इंडियन बस्टर्ड सबसे ज़्यादा खुश्क और अर्ध रेगिस्तानी इलाक़ों में रहते हैं। जबकि, गोडावण की तुलना में खरमोर ज़्यादा नमी वाले खुले मैदानों में रहते हैं। जबकि, बंगाल फ्लोरिकन इन दोनों की ही तुलना में ज़्यादा नमी वाले खुले घसियाले मैदानों में रहते हैं।

खरमोर एक बेहद ख़ूबसूरत और अपने पर्यावास में बहुत ही अच्छी तरह से अनुकूलित पक्षी है। नर खरमोर की गर्दन काली और सिर पर कुछ पंखों की कलंगी जैसी संरचना भी होती है। बस्टर्ड की अन्य प्रजातियों की तरह ही यह भी सर्वाहारी पक्षी होता है और कभी भारत के एक बड़े हिस्से में इसकी मौजूदगी रही होगी। लेकिन, आज यह भी पर्यावास के सिकुड़ने और शिकार के चलते अपने अस्तित्व को बचाने के लिए जूझ रहा है। बस्टर्ड पक्षियों में नर का प्रणय निवेदन बेहद ख़ास होता है। गोडावण अपने गूलर पाउच को फुलाकर, अपनी पूँछ को ऊपर की तरफ़ उठाकर ज़ोरदार गूँजती हुई आवाज़ निकालते हैं। जबकि, नर खरमोर अपनी मादा तक प्रणय की पुकार पहुँचाने के लिए टिट-टिट की आवाज़ करते हुए पाँच-छह फुट की ऊँचाई वाली कूद लगाते हैं। यह कूद इतनी ऊँची होती है कि बाजरे के खेतों में भी उन्हें इस कूद

के दौरान देखा जा सकता है। साथ ही उनकी टिट-टिट की आवाज़ मादाओं को उनकी मौजूदगी की जानकारी देती है और पास आने का बुलावा देती है।

प्रणय निवेदन के इन तरीक़ों से पक्षी अपनी अच्छी फिटनेस की जानकारी मादा को देते हैं। क्योंकि, मादा अपना साथी चुनने में इस बात का ध्यान रखती है। वहीं, खरमोर की यह उछाल शिकारियों के सामने भी उसकी मौजूदगी को उजागर कर देती है। जिससे वे ख़तरे की ज़द में आ जाते हैं और उनका शिकार करना आसान हो जाता है। माना जाता है कि लेसर फ्लोरिकन यानी खरमोर भी विलुप्ति की कगार पर पहुँच गये हैं और उनकी संख्या 500 से भी कम ही बची रह गयी है।

आज वे कितनी संख्या में बचे रह गये हैं, इसकी जानकारी के लिए सितम्बर 2023 में बांबे नेचुरल हिस्ट्री सोसायटी द्वारा अनूठा अभियान शुरू किया गया है। इसमें लोगों से खरमोर के देखे जाने की जानकारी माँगी जा रही है। संस्था का अभियान कहता है कि अगर आपने खरमोर को देखा है तो उसके द्वारा उपलब्ध कराये गये फ़ोन नम्बर और ईमेल पर उसकी जानकारी दीजिए। जबकि, संस्था की ओर से राजस्थान के अजमेर-केकरी में और कर्नाटक के बीदर क्षेत्र में खरमोर का सर्वेक्षण करने की बात कही गयी है।

वहीं, दूसरी ओर खरमोर पर छाये संकट को देखते हुए इनके लिए भी कंजर्वेशन ब्रीडिंग सेंटर की शुरुआत की गयी है। गोडावण के लिए संरक्षण में ब्रीडिंग की भारतीय वन्यजीव संस्थान की जिस रिपोर्ट का ऊपर ज़िक्र किया गया है, उसी में खरमोर के लिए अजमेर में स्थापित कंजर्वेशन ब्रीडिंग सेंटर की भी जानकारी दी गयी है। खरमोर के संरक्षण के लिए भी लगभग उसी तरह की प्रक्रिया अपनायी जाती है जैसी कि गोडावण के लिए अपनायी जाती है।

पहले खरमोर के घोंसलों की तलाश की जाती है, ख़ासतौर पर ऐसे घोंसले ढूँढ़ने की कोशिश होती है, जिसमें पक्षी ने अण्डे दिये हों। इन अण्डों को घोंसले से एकत्रित कर लिया जाता है और उसे सेंटर में लाकर नियन्त्रित तापमान और नमी वाले कक्ष में इंक्यूबेशन मशीन में सेया जाता है। इसमें से बच्चा निकलने के बाद उसकी देखभाल की जाती है और बाद में उन्हें प्राकृतिक पर्यावास के लिए तैयार किया जाता है। इस कार्यक्रम का उद्देश्य भी खरमोर

की एक सुरक्षित आबादी तैयार करना है, ताकि विलुप्ति के किसी अन्देशे वाली स्थिति में भी इस पक्षी की एक आबादी बची रहे और उसके ज़रिये इस प्रजाति के भविष्य की उम्मीद भी बची रहे। भारतीय वन्यजीव संस्थान की रिपोर्ट के मुताबिक़ यहाँ पर सात खरमोर पक्षी मौजूद हैं। जिनमें से तीन नर और चार मादा खरमोर हैं।

शिकार के लिए संरक्षण?

यहाँ पर मैक्वीन बस्टर्ड या एशियन हाउबारा के संरक्षण के लिए किये जाने वाले कामों का ज़िक्र नहीं किया जाये तो बात अधूरी रह जायेगी। किसी पक्षी को विलुप्ति की कगार से वापस लाने के लिए शायद ही इतना बड़ा कार्यक्रम चलाया गया हो और उसे इतनी ज़्यादा सफलता से हासिल भी किया गया हो। लेकिन, किसलिए। क्या ये संरक्षण सिर्फ़ इसलिए है कि उनका शिकार किया जा सके। आइए एक नज़र डालते हैं।

हम ऊपर ज़िक्र कर आये हैं कि मैक्वीन बस्टर्ड का शिकार ख़ासतौर पर अरब देशों में एक ख़ास क़िस्म के बाज फालकन के ज़रिये करने की प्रथा रही है। यह पक्षी दूर-दूर तक फैले एक बड़े पर्यावास में रहता है। गुजरात और राजस्थान में भी इसका प्रवास रहता है। जबकि, इसकी मुख्य आबादी कजाकिस्तान में रहती है। अरब शेख प्रशिक्षित फालकन पक्षी के ज़रिये इसका शिकार करते रहे हैं। लेकिन, अत्यधिक शिकार के चलते एक समय में इसकी आबादी बेहद सिकुड़ने लगी। यहाँ तक कि इसके विलुप्त होने का ख़तरा पैदा हो गया। जिसके बाद इसके संरक्षण के लिए विशेष प्रयास किये गये।

हाउबारा की घटती संख्या को देखते हुए यूनाइटेड अरब अमीरात के तत्कालीन शासक शेख जायद बिन सुल्तान अल नहायन ने वर्ष 1977 में इंटरनेशनल फंड फॉर हाउबारा कंजर्वेशन (आईएफएचसी) की स्थापना की। इस संस्थान ने कैप्टिविटी में इस पक्षी के प्रजनन में बड़ी सफलता हासिल की है। आईएफएचसी की वेबसाइट बताती है कि वर्ष 1977 में स्थापना के बाद 1982 में इसे पहली सफलता मिली जब अल आइन ज़ू में पहली बार अण्डे से चूजे को बाहर निकालने में सफलता मिली। 1989 में अबू धाबी में

पहला नेशनल एवियन रिसर्च सेंटर खोला गया। हाउबारा बस्टर्ड पर शोध और प्रजनन के लिए स्थापित यह अपनी तरह का दुनिया का पहला सेंटर था। वर्ष 1995 में इसका विस्तार हुआ और मोरक्को में भी इस तरह का एक केन्द्र शुरू किया गया। वर्ष 1996 में अबू धाबी में स्थित नेशनल एवियन रिसर्च सेंटर में पहली बार कृत्रिम तरीक़े से गर्मी देकर एशियन हाउबारा के बच्चों को अण्डे से बाहर निकालने में कामयाबी मिली। वर्ष 2004 में कैप्टिविटी में पले-बढ़े पहले एशियन हाउबारा को यूनाइटेड अरब अमीरात के वन्य क्षेत्रों में छोड़ा गया।

वर्ष 2007 में पहली बार कैप्टिविटी में जन्मे-पले-बढ़े एशियन हाउबारा ने जंगल में बच्चे पैदा किये। वर्ष 2009 में पहली बार कैप्टिविटी में जन्मे एशियन हाउबारा को कजाकिस्तान में छोड़ा गया। कजाकिस्तान में हाउबारा की सबसे बड़ी आबादी रहती है। वर्ष 2012 में अबू धाबी में इस तरह का दूसरा केन्द्र अपनी पूरी क्षमता के साथ शुरू किया गया। वर्ष 2016 तक हाउबारा के अण्डे सेने और उससे निकले बच्चों को पालने-पोसने में पर्याप्त दक्षता हासिल कर ली गयी। अब तक हर साल औसतन 50 हज़ार बच्चे पैदा होने लगे। वर्ष 2019 में कजाकिस्तान में भी इसी तरह का ब्रीडिंग सेंटर खोला गया। किसी भी एक प्रजाति के पक्षी की ब्रीडिंग के लिए खोला गया यह सबसे बड़ा ब्रीडिंग सेंटर है। आईएफ़एचसी का दावा है कि इस परियोजना की शुरुआत के बाद से अभी तक दुनिया के 15 देशों में कुल मिलाकर छह लाख 29 हज़ार 927 एशियन हाउबारा को छोड़ा गया है।

निश्चित तौर पर विलुप्ति की कगार पर पहुँचे किसी प्रजाति के पक्षी के लिए यह एक बहुत बड़ी संख्या है। हालाँकि, इतनी बड़ी संख्या में जंगलों में छोड़े जाने के बाद भी ऐसा नहीं है कि इनकी संख्या बहुत ज़्यादा हो गयी है। शिकार के चलते इन्हें इंटरनेशनल यूनियन फॉर कंजर्वेशन ऑफ़ नेचर की सूची में अभी भी वलनरेबल श्रेणी में ही रखा गया है। इसके पीछे मुख्य कारण शिकार को ही माना जाता है। अभी भी खेल और मनोरंजन के लिए इनका बड़े पैमाने पर शिकार किया जाता है। पाकिस्तान जैसे देशों में निश्चित संख्या में इन्हें मारने का परमिट जारी किये जाने की बात भी सामने आती रही है। अरब

के शेख इस परमिट को ख़रीदकर इसका शिकार करते हैं। जिसके चलते इनकी संख्या बहुत ज़्यादा नहीं बढ़ पाती है।

दूसरी ओर, संरक्षण के इस तरह के कार्यक्रमों की नैतिकता को लेकर भी सवाल खड़े किये जाते हैं। क्या किसी वन्यजीव का संरक्षण इसलिए किया जाना उचित है कि उसका शिकार किया जा सके। यह भी कहा जाता है कि बड़ी संख्या में एशियन हाउबारा की नैसर्गिक आबादी में इन्सानों द्वारा पाली-पोसी गयी आबादी घुलमिल गयी है। नैसर्गिक तौर पर यानी जंगल में पले-बढ़े पक्षी इन्सानों के प्रति ज़्यादा चौकन्ने होते हैं और उनसे दूर जाने की कोशिश करते हैं। जबकि, ब्रीडिंग सेंटर में पाले-पोसे गये पक्षी इन्सानों की उपस्थिति के अभ्यस्त होते हैं, इसलिए उससे दूर जाने और बचने का ज़्यादा प्रयास नहीं करते हैं और आसानी से शिकार भी बन जाते हैं।

हालाँकि, इन नैतिक सवालों से अलग यह कहा जा सकता है कि इस संरक्षण के इन उपायों के फ़ायदे प्रकृति में बहुत तरीक़े से मिलने वाले हैं। क्योंकि, इस प्रकार से हासिल की गयी दक्षता अन्य पक्षियों के भी कृत्रिम प्रजनन में सहायक होती है। ग्रेट इंडियन बस्टर्ड के संरक्षण के लिए चलाए जा रहे ब्रीडिंग कार्यक्रम में भी आईएफ़एचसी की दक्षताओं का फ़ायदा लिया जा रहा है। सितम्बर 2022 में भारतीय वन्यजीव संस्थान और आईएफएचसी के बीच ग्रेट इंडियन बस्टर्ड और लेसर फ्लोरिकन को लेकर एक समझौतापत्र पर हस्ताक्षर भी हुए हैं। चूँकि यह दोनों भी बस्टर्ड की प्रजातियाँ हैं, इसलिए एशियन हाउबारा बस्टर्ड के ब्रीडिंग कार्यक्रमों की तकनीकों से इन्हें भी मदद मिल रही है।

अध्याय : 6

सबसे ज़्यादा तेज़ी से संकट में आये गिद्ध

यहाँ पर हम विषय पर रहते हुए भी थोड़ा विषयान्तर करेंगे। गोडावण के विलुप्ति की कगार तक पहुँचने की कहानी की पड़ताल करने के साथ ही हम कुछ अन्य ऐसे पक्षियों की तरफ़ भी एक सरसरी नज़र डालेंगे, जो इसी तरह की विलुप्ति का सामना कर रहे हैं।

प्रकृति में कोई भी जीव लाखों-हज़ारों सालों के विकासक्रम के साथ ही विकसित हुआ है। उसी अनुसार उसकी अलग-अलग प्रजातियाँ भी बनी हैं। ज़ाहिर है कि इतिहास में बहुत सारी प्रजातियाँ नष्ट हो गयी हैं और बहुत सारी नयी प्रजातियों का जन्म भी हुआ है। प्रकृति में जो कुछ भी जीवित है वह पोषण और प्रजनन करता है। यह एक ऐसी प्रक्रिया है जो सबके लिए अलग-अलग होते हुए भी काफ़ी कुछ एक जैसी होती है। कोई भी जीव यूँ तो अपने जीवन चक्र में लगा होता है लेकिन इसके ज़रिये वह अपने साथ के दूसरे लोगों को प्रभावित करता है। यह प्रभाव कुछ जगहों पर सकारात्मक कहा जा सकता है तो कुछ जगहों पर नकारात्मक।

जैसे तितली किसी पेड़ या पौधे के पत्तों पर अण्डे देती है। उसके कैटर पिलर अण्डे से निकलकर उन पत्तियों को खाते हैं और फिर मोटे होकर प्यूपा बन जाते हैं। फिर उसी में से तितली निकलती है और उड़ जाती है। वह तितली उड़ते हुए, भटकते हुए अपने जीवन चक्र को पूरा करती है। वह अलग-अलग फूलों पर मँडराती है, उनके मकरन्द का पान करती है और इसी के दौरान वह उन पौधौं और पेड़ों का परागण कराती है। एक बेहद ज़रूरी काम, जिसके

बाद ही उस पेड़ या पौधे में फल और बीज आते हैं। इन फलों और बीजों का मतलब, पेड़ों की सन्ततियाँ हैं। पेड़ों का विस्तार है। तितली अपना जीवन चक्र पूरा कर रही है। लेकिन, अपने जीवन चक्र को पूरा करने के साथ ही वह किसी दूसरे के जीवन चक्र में हिस्सेदारी भी कर रही है। उसे किसी दूसरे के जीवन चक्र की परवाह नहीं है। उसे सिर्फ़ अपने जीवन की परवाह है। लेकिन, जीवन एक-दूसरे में इतना गुँथा-बिंधा हुआ है कि यहाँ पर कोई भी अकेले नहीं है। हर कोई अपना काम कर रहा है, लेकिन इस दौरान वह दूसरों के जीवन को भी प्रभावित करता है।

प्रकृति का यह सन्तुलन भी लाखों-करोड़ों सालों की प्रक्रिया में विकसित हुआ है। इसी को पारिस्थितिक तन्त्र कहते हैं। कई बार यह सन्तुलन बेहद नाज़ुक क़िस्म का होता है। इसमें बहुत हल्के बदलाव भी ऐसे परिवर्तनों को जन्म देते हैं कि प्रजातियों का जीवन संकट में पड़ जाता है। यहाँ पर हम ऐसे ही कुछ हल्के बदलावों की बात करने वाले हैं जो किसी प्रजाति को विलुप्ति की कगार तक पहुँचाने के ज़िम्मेदार बन गये हैं।

हमारी भाषा और मुहावरों में गिद्धों को लेकर एक प्रकार की नकारात्मकता भरी हुई है। शायद मरे हुए पशुओं का मांस खाने के चलते ही लोग उन्हें भय और जुगुप्सा के साथ देखते हैं। गिद्ध सड़ती हुई लाशों को भी खाने में सिद्धहस्त होते हैं। उनके शरीर की पाचन क्रिया इतनी ज़्यादा मज़बूत होती है कि वह सड़ते हुए मांस को भी पचा लेती है। इस तरह से बहुत सारे हानिकारक पैथोजेन्स (रोगजनक जीवाणु, विषाणु) को भी वे हजम कर जाते हैं और उन्हें प्रकृति में घुलने मिलने से रोकते हैं। उनकी आँखें बहुत तेज़ होती हैं और वे आसमान में मँडराते रहते हैं और बहुत ऊँचाई से ही सड़े हुए पशुओं की लाशों को ढूँढ़ लेते हैं और उन्हें खाकर साफ़ कर देते हैं। प्रकृति में कोई भी और इस काम को इतनी ज़्यादा सफ़ाई और हुनरमन्दी के साथ नहीं करता है।

मुश्किल से तीस-पैंतीस सालों पहले आसमान में हमेशा ही मँडराते हुए गिद्धों को देखा जा सकता था। हवा में मौजूद लहरों पर सवार होकर वे बहुत ऊँचाई तक पहुँच जाते थे। उन्हें हवा में बस पंख फैलाये तैरते हुए देखा जा सकता था। ख़ूब ऊँचाई पर जाकर वे एक बड़े इलाक़े का मुआयना करते थे।

फिर वहाँ पर कुछ भी नहीं पाकर किसी और इलाक़े का मुआयना करने चले जाते थे। कहने का आशय यह है कि आसमानों में कभी भी उनकी कमी नहीं दिखाई पड़ती थी और जानवरों की लाशें यूँ ही सड़ती हुई नहीं पड़ी रहती थी।

हज़ारों सालों के अभ्यास से गाँवों में भी इस तरह का चलन विकसित हुआ कि किसी मवेशी के मरने के बाद उसकी खाल उतारकर गाँव के किनारे के किसी खेत या फिर नाले आदि के किनारे छोड़ दिया जाता था। गिद्ध बहुत ऊँचाई से ही उसे देख लेते थे और उनके झुण्ड के झुण्ड इस लाश को साफ़ करने के लिए उतर आते थे।

लेकिन आज आसमान से गिद्धों के झुण्ड ग़ायब हो गये हैं। अस्सी के दशक में इनकी संख्या चार करोड़ के लगभग होने का अनुमान है। लेकिन, मुश्किल से तीस-पैंतीस सालों में ये विलुप्ति की कगार पर पहुँच गये हैं। इनकी आबादी 99 फ़ीसदी तक कम हो गयी है। हाल के सौ सालों में शायद ही कोई दूसरा पक्षी इतनी तेज़ी से विलुप्ति की कगार पर पहुँचा है। वर्ष 2019 के अक्तूबर महीने में तत्कालीन वन एवं पर्यावरण मन्त्री प्रकाश जावड़ेकर गिद्धों को लेकर महत्त्वपूर्ण जानकारी सदन के पटल पर रखते हैं। उन्होंने बताया कि अब सिर्फ़ 19 हज़ार गिद्ध ही बचे हुए हैं। वर्ष 2015 में कराये गये सर्वे का हवाला देते हुए उन्होंने कहा कि भारत में फ़िलहाल सफ़ेद पूँछ वाले छह हज़ार गिद्ध, लम्बी गर्दन वाले 12 हज़ार गिद्ध और बेलनाकार गर्दन वाले एक हज़ार गिद्ध ही बचे हैं।

अब यहीं पर आकर हमें उन परिवर्तनों की पड़ताल करनी चाहिए, जिसके चलते गिद्ध इतनी तेज़ी से विलुप्त होने की कगार पर पहुँच गये। माना जाता है कि 1990 के बाद से ही गिद्धों की तादाद में कमी आने लगी। पहले तो इस बात पर अलग से किसी ने ध्यान नहीं दिया। लेकिन वर्ष 2000 तक पक्षी विशेषज्ञों ने तमाम जगहों पर इनकी संख्या में कमी आने की बात को दर्ज किया। इसे लेकर हैरानी भी जताई गयी कि आख़िर इतनी तेज़ी से इनकी तादाद कम क्यों हो रही है। मरे हुए गिद्धों की लाशें भी अलग-अलग जगहों में पायी जाती रहीं। दस से पन्द्रह सालों के बीच ही इनकी ज़्यादातर आबादी समाप्त हो गयी।

इस बीच इस पर तेज़ी से शोध और अध्ययन किये गये तो गिद्धों की मौत के लिए जानवरों को दी जाने वाली एक दवा डाइक्लोफेनॉक को ज़िम्मेदार पाया गया। यह दवा बीमार मवेशियों को खाने के लिए दी जाती थी। ऐसे अगर दवा खाने के बाद भी जानवर की बीमारी ठीक नहीं हुई और उसकी मौत हो गयी तो उसके शव में उस दवा के अंश भी बचे रहते थे। यह दवा ही गिद्धों के लिए ज़हर साबित हुई। तमाम चीज़ों को आसानी से पचा जाने वाले गिद्ध इस परिवर्तन को झेल नहीं पाये। जिन मवेशियों को डाइक्लोफेनॉक दवा दी जाती है, उसका मांस खाने के चलते गिद्धों की किडनी फेल हो जाती है। उनके लिए यह किसी महामारी की तरह थी। जिसमें झुण्ड के झुण्ड गिद्ध मारे गये। हज़ारों-लाखों की तादाद में गिद्ध समाप्त हो गये। और यह परिवर्तन इतनी तेज़ी से हुआ कि जब तक कुछ किया जाता तब तक करोड़ों की संख्या वाले गिद्ध कुछ हज़ार तक में सिमट गये।

गिद्धों की मौत के कारण की पहचान होने के साथ ही पशुओं में इस्तेमाल के लिए डायक्लोफेनॉक दवा को प्रतिबन्धित कर दिया गया। इसके बाद ही इससे मिलते-जुलते असर वाली कुछ अन्य दवाओं की भी पहचान की गयी। इन्हें भी प्रतिबन्धित किया गया। हालाँकि, इन प्रतिबन्धों के पूरी तरह से लागू नहीं होने की बात भी कही जाती है और यह आरोप लगाये जाते हैं कि दवा की बाज़ार में उपलब्धता बनी हुई है। जिसके चलते गिद्धों के जीवन पर संकट भी बना हुआ है।

दूसरी ओर, सरकार की ओर से गिद्धों के संरक्षण के लिए तमाम प्रयास शुरू किये गये। इसमें संरक्षण में प्रजनन के कार्यक्रम भी शामिल हैं। गिद्ध भी लम्बा जीवन जीने वाले पक्षी हैं। इसी अनुसार वे भी कम अण्डे देते हैं और उनकी देखभाल के लिए अभिभावकत्व में लम्बा समय और ऊर्जा ख़र्च करते हैं। इस तरह के जीवन चक्र वाली किसी भी प्रजाति का एक-एक अण्डा बेहद महत्त्वपूर्ण हो जाता है। ख़ासतौर पर तब जब वे एकदम ही विलुप्ति की कगार पर पहुँच जायें। भारत के अलग-अलग हिस्सों में खोले गये जटायु संरक्षण कार्यक्रमों में गिद्धों के अण्डों को कृत्रिम तरीक़े से गर्मी देकर अण्डों से बच्चों को बाहर निकाला जाता है। फिर बच्चों को बड़ा करने के बाद उन्हें खुले में

छोड़ दिया जाता है ताकि वे अपना नैसर्गिक जीवन बनाये रख सकें। हाल के कुछ सालों में अब उनकी संख्या में थोड़ा ठहराव आया है और कुछ ऐसी जगहों से भी उन्हें देखे जाने की ख़बरें आयी हैं जहाँ से वे पहले पूरी तरह से विलुप्त हो गये थे। लेकिन, ख़तरा टला नहीं है।

इस तरह से हम देख सकते हैं कि फ़िलहाल तीन पक्षियों गोडावण, लेसर फ्लोरिकन और गिद्ध के लिए इस तरह के कंजर्वेशन ब्रीडिंग प्रोग्राम चलाये जा रहे हैं। जहाँ पर संरक्षण में उन्हें पैदा करने और खुले में छोड़ने की योजना पर काम किया जा रहा है। इन तीनों ही पक्षियों के अस्तित्व को कुछ हद तक बचाये रखने में इससे सफलता भी मिली है। लेकिन परेशानी की बात यह है कि इस सूची में लगातार ही नये-नये पक्षियों के नाम जुड़ते जा रहे हैं। ऐसे पक्षियों की संख्या बढ़ती जा रही है जिनके अस्तित्व पर संकट छा रहा है और उनकी संख्या तेज़ी से कम हो रही है। ऐसे में सवाल उठता है कि कितने पक्षियों के लिए इस तरह के कंजर्वेशन ब्रीडिंग कार्यक्रम शुरू किये जा सकते हैं।

अध्याय : 7

सबसे पुराने संरक्षित वन : पवित्र ओरण

यहाँ पर हम कुछ बातें सबसे पुराने संरक्षित वनों यानी पवित्र ओरण की करेंगे। माना जाता है कि ओरण शब्द की उत्पत्ति अरण्य से ही हुई है। अरण्य मतलब जंगल या वन क्षेत्र। राजस्थान के जैसलमेर ज़िले में ओरण बेहद पवित्र वन क्षेत्र माने जाते हैं। दरअसल, हर ओरण किसी न किसी मन्दिर के साथ जुड़ा हुआ होता है और इसे मन्दिर और देव का ही एक विस्तृत रूप माना जाता है। यह कह सकते हैं कि यह किसी मन्दिर के एक विस्तृत परिसर जैसे हैं।

इसी के चलते ओरण वन क्षेत्र को संरक्षित किया गया है। यह संरक्षण आमतौर पर समुदाय की ओर से ख़ुद ही लागू किया जाता है। इन्हें पवित्र माना जाता है। सामुदायिक मान्यता यह है कि ओरण में लोग अपने पशुओं को चराने के लिए तो ले आते हैं, लेकिन यहाँ से चारा काटकर नहीं ले जाते हैं। अगर किसी प्रकार के औषधीय पौधे के कुछ हिस्से लिए भी जाते हैं या फिर जंगल में लगे हुए शहद के छत्ते से शहद लिया भी जाता है तो इसके पहले पवित्र ओरण से हाथ जोड़कर प्रार्थना की जाती है। देश के अलग-अलग हिस्सों में सरकार द्वारा वनों और वन्यजीवों को संरक्षित किया गया है। राष्ट्रीय उद्यान और अभयारण्य बनाये गये हैं। लेकिन समुदाय द्वारा वनों के संरक्षण की यह एक अनोखी मिसाल है।

जैसलमेर के स्थानीय पर्यावरण संरक्षक कार्यकर्ता पार्थ जिगाणी बताते हैं कि जैसलमेर ज़िले के कई ओरण काफ़ी विशाल और प्राचीन हैं। श्री भादरिया

राय मन्दिर का ओरण लगभग एक लाख बीस हज़ार बीघा क्षेत्र में फैला हुआ है। जबकि श्री देगराय मन्दिर का ओरण 60 हज़ार बीघा क्षेत्र में फैला हुआ है। जैसलमेर ज़िले में कुल 120 ओरण हैं। भारतीय सांस्कृतिक निधि न्यास (इंटेक) मारवाड़ चैप्टर और पर्यावरण व पारिस्थितिकि पर काम करने वाली संस्था ईआरडीएस फाउंडेशन द्वारा इनमें से 85 ओरण की जैव विविधता का सर्वेक्षण किया जा चुका है। पार्थ जिगाणी बताते हैं कि इनमें से कई सारे ओरण सैकड़ों साल पुराने हैं। जैसे मोकला गाँव का श्री डूंगरपीर ओरण लगभग आठ सौ साल पुराना है। माना जाता है कि आठ सौ साल पहले यहाँ पर एक युद्ध हुआ था। इसमें कई लोग वीरगति को प्राप्त हुए थे। जैसलमेर के राजपरिवार से जुड़े डूंगरपीर भी इन शहीदों में शामिल थे। इसी युद्ध के बाद इस क्षेत्र को ओरण घोषित कर दिया गया। जबकि, देगराय ओरण का इतिहास 614 साल पुराना माना जाता है। यहाँ पर पहले खेती होती थी। लेकिन, बाद में जैसलमेर के राजा ने इसे ओरण घोषित कर दिया था।

पवित्र ओरण जैव-विविधता और पारिस्थितिकी के संरक्षण में बड़ी भूमिका निभाते हैं। इनमें आमतौर पर बोरड़ी (बेर), खेजड़ी, जाल या पीलू (मिसवाक) और कुंभट के पेड़ होते हैं। ये सभी पेड़ मरुभूमि के लिए बेहद ज़रूरी होते हैं और पारिस्थितिक तन्त्र को बनाये रखने में बड़ी भूमिका अदा करते हैं। जबकि, घासों की 40 से ज़्यादा प्रजातियाँ यहाँ पायी जाती हैं। इनमें सेवण घास बेहद महत्त्वपूर्ण हैं क्योंकि गोडावण यहाँ पर छिपना और इनके बीच में अपना घोंसला बनाना पसन्द करते हैं। मूरठ घास, बुराड़ी घास, लंप घास और बूरठ घास यहाँ पायी जाने वाली अन्य प्रमुख घास हैं।

हालाँकि, वनों का समुदाय द्वारा किये जाने वाले संरक्षण की इन पुरानी मिसालों के बावजूद आधुनिक समय में कुछ चुनौतियों का सामना भी करना पड़ रहा है। कई जगहों पर भू अभिलेखों में ओरण को उनके नाम से दर्ज नहीं किया गया है। ग़ैर मुमकिन ओरण के नाम से दर्ज करने की बजाय उन्हें बंजर के नाम से दर्ज किया गया है। इसके चलते ओरण को अलग-अलग तरह की चुनौतियों का सामना करना पड़ रहा है। ख़ासतौर पर इनका भू उपयोग बदलकर इन्हें अन्य कार्यों के लिए उपयोग करने जैसे ख़तरे भी हैं।

हरित ऊर्जा के लिए लगाये जाने वाले सोलर पैनल और पवन चक्कियों के लिए भी इन ओरण की ज़मीनों पर बड़ी-बड़ी कम्पनियों की निगाह टिकी हुई है। इस प्रकार की घटनाएँ भी सामने आयी हैं जिनमें इन कम्पनियों द्वारा वन क्षेत्र और वन्यजीवों की तबाही हुई है। जिसके लिए जैसलमेर के पर्यावरण कार्यकर्ताओं द्वारा संघर्ष भी किया जा रहा है। गोडावणों के अस्तित्व के लिए ओरण का बचा रहना बेहद महत्त्वपूर्ण है। क्योंकि एक समय में गोडावण इन पर्यावासों में मुक्त विचरण किया करते थे।

यहाँ पर मरुभूमि के पर्यावास की संक्षिप्त चर्चा कर लेते हैं। आमतौर पर हरे भरे जंगलों को ही वन क्षेत्रों में शुमार किया जाता है उनके संरक्षण के लिए कुछ हद तक प्रयास किये जाते हैं। लेकिन, मरुभूमि के वन क्षेत्र एक अलग क़िस्म का पर्यावास है। यह मरा हुआ पर्यावास नहीं है। यह भले ही घने पेड़ पौधों, झाड़ियों और वनलताओं से आच्छादित नहीं होते हैं। लेकिन, यहाँ पर जीवन विविध रूपों में साँस लेता है। ख़ासतौर पर थार मरुस्थल कुल मिलाकर एक अनोखे पर्यावास का निर्माण करते हैं। यहाँ सिर्फ़ रेत के टीले नहीं हैं। इसलिए इसे वन्यक्षेत्रों के अनोखे रूप में स्वीकार किये जाने की ज़रूरत है।

अध्याय : 8

पक्षियों का संकटग्रस्त संसार

अनुकूलन सभी जीवों के लिए जीने की सबसे ज़रूरी शर्त है। अनुकूलन यानी ख़ुद को अपने पर्यावास के अनुकूल बना लेना। शारीरिक बनावट और ज़रूरतें दोनों ही पर्यावास के अनुकूल बन जाती हैं। कोई भी जीव जिस पर्यावास में विकसित हुआ है, वह पर्यावास उसके सामने तमाम क़िस्म की चुनौतियाँ रखता है। कई बार पर्यावासों में होने वाले बदलाव भी चुनौतियाँ रखते हैं। जीव उनका समाधान अलग-अलग तरीक़े से निकालते हैं। इसके चलते उनके शरीरों में भी अलग-अलग बदलाव देखने को मिलते हैं।

स्तनपायी जीव होने और पंख नहीं होने के बावजूद चमगादड़ को उड़ने में महारत हासिल होती है। वो पक्षियों से अलग तकनीक के ज़रिये उड़ान भरता है। पेंग्विन पक्षी होने के बावजूद मछलियों जैसी सिद्धहस्तता के साथ पानी के अन्दर गोते लगाते हैं और तैरते हैं। उड़ पाते नहीं और ज़मीन पर भी बेढंगे होते हैं। विशालकाय शरीर के साथ हाथियों ने अपनी नाक को इस कदर लम्बा कर लिया कि वो उनके लिए हाथ का भी काम करने लगी। वहीं, अमेरिका महाद्वीप में पाये जाने वाले बन्दरों ने अपनी पूँछ की क्षमता का विकास इस तरह से किया कि वे हाथ का काम करने लगीं और वे पूँछ से डाल को पकड़कर भी लटक सकते हैं, एक तरह से वह उनका पाँचवाँ हाथ-पैर बन गयी।

इस अनुकूलन की तमाम मिसालें कुदरत में हर जगह बिखरी पड़ी हैं। पक्षियों के शरीर भी उनके पर्यावास की गवाही देते हैं। जिन पक्षियों को पानी की सतह पर तैरना है, उनके पंजों के बीच एक जुड़ाव होता है, जिससे चप्पू

की तरह चलाते हुए वे आराम से तैरते हैं। पंख उनके भीगते नहीं। जिन पक्षियों को टखने भर पानी में घूम-घूम कर मछलियों का शिकार करना होता है, उनके पैर लम्बे होते हैं। शिकारी पक्षियों के पंजे शिकार को पकड़ने और उनका कलेजा चाक करने के लिए बने होते हैं। ऐसे ही उनकी चोंचों का भी विकास होता है। उनके शरीर की सभी विशेषताएँ उनके अनुकूलन की गवाही देती हैं। नभचर जीव होने के चलते पेड़ों और पक्षियों का अनूठा रिश्ता होता है। लेकिन, पक्षियों के तमाम परिवार और प्रजातियाँ ऐसी भी हैं जिनका पेड़ों से कोई वास्ता ही नहीं। उनमें से कोई सिर्फ़ मैदानों में दौड़ लगाता है तो कोई उड़ान भरता भी है तो किसी ऊँची जगह पर बैठने की बजाय मैदान से उड़ान भरकर वह फिर मैदान में ही आकर बैठ जाता है। उसके पंजों में पीछे की तरफ़ का वो चौथा पंजा ही नहीं होता है जो पेड़ों की डाल को पकड़ सके। सिर्फ़ भागने के लिए आगे की तरफ़ के तीन पंजे ही होते हैं।

पक्षियों की दुनिया एक अद्भुत दुनिया है। निराली दुनिया है। ख़ूबसूरत दुनिया है। यहाँ पर रंग हैं। हुनर हैं। नृत्य हैं। संगीत है। सब कुछ है। रोमांस और जनम-जनम का साथ निभाने के वायदे भी हैं। बेवफ़ाइयों के क़िस्से भी। लेकिन, आज इस दुनिया में खलबली मची हुई है। तबाही मची हुई है। पक्षियों का यह सुन्दर संसार संकटग्रस्त है। हर तरफ़ से इनकी तबाही और बर्बादी की ही तस्वीरें दिखाई पड़ती हैं। अफ़सोस इस बात का है कि हर तरफ़ छायी इस खलबली और उथल-पुथल की ज़िम्मेदारी सिर्फ़ और सिर्फ़ हम इन्सानों और हमारे द्वारा की जाने वाली तमाम गतिविधियाँ ही हैं। सोन चिरैया पर छाये संकट पर बात करते हुए आइए पक्षियों के इस संगटग्रस्त संसार पर भी एक नज़र डालते हैं।

पक्षी क्या हैं और उनका संसार क्या है। पक्षी विज्ञानी सालिम अली और लाइक फतेह अली ने अपनी किताब 'हमारे परिचित पक्षी' में इसकी संक्षिप्त और सुन्दर व्याख्या की है। किताब की शुरुआत में ही वे लिखते हैं...

'पक्षी की परिभाषा करना आसान है। संसार में एक ये ही जीव हैं जिनके पंख होते हैं। सरसरी तौर पर देखा जाये तो ऐसा लगता है कि लगभग सभी पक्षियों के लक्षण समान होते हैं...वे सभी उड़ते हैं, घोंसला बनाते तथा अण्डे

देते हैं, लेकिन थोड़ा बारीकी से देखने पर स्पष्ट हो जाता है कि इनमें भी अनेक प्रकार होते हैं जो न केवल एक-दूसरे से भिन्न होते हैं बल्कि उनमें आपस में कोई सम्बन्ध भी नहीं होता। पक्षी वर्ग में जहाँ आदमी के अँगूठे से भी छोटी कूजिनी चिड़िया है, वहीं शुतुरमुर्ग भी है जो ऊँचाई में टट्टू के बराबर होता है। ऐसी चिड़िया भी है जो हज़ारों मील उड़ सकती है और पेंगुइन जैसी चिड़िया भी जो ज़मीन से ऊपर भी मुश्किल से उठ पाती है। बया जैसे पक्षी हैं जो बड़ी बारीकी से चुना हुआ घोंसला बनाते हैं और ऐसे भी पक्षी हैं जो बिना कुछ तैयारी किये सीधे ज़मीन पर ही अण्डे देते हैं। कुछ पक्षी ऐसे हैं जिनके लिए बिल्कुल ख़ास तरह का भोजन आवश्यक होता है। साथ ही गिद्ध भी होते हैं जो सड़ा-गला मांस खाकर ही रहते हैं। और भी हैं, जैसे कौए, जो धातु को छोड़कर जो कुछ भी मिल जाये खा जाते हैं, हर साल दो लम्बी यात्राएँ करने वाले पक्षी हैं और ऐसे भी पक्षी हैं जो पूरा साल एक ही बगीचे के इर्द-गिर्द काट देते हैं। इनमें घरेलू मुर्गियाँ भी आती हैं जिनके बच्चे अण्डे से निकलते ही खाने के लिए इधर-उधर डोलना और कुरेदना शुरू कर देते हैं और इनमें तोते और ईगल जैसे पक्षी भी हैं, जिनके बच्चे कई हफ़्तों तक घोंसले से निकलने लायक ही नहीं हो पाते। ऐसे पक्षी भी होते हैं जो मनुष्यों का साथ छोड़कर रह ही नहीं सकते और ऐसे भी पक्षी होते हैं कि मनुष्य उनके पास फटका नहीं कि भागकर बिल्कुल ही लापता हो जाते हैं।'

कहने का आशय यह है कि पक्षी जीवों के बेहद कामयाब वर्ग में शामिल हैं। लाखों सालों से वे हर तरह के पर्यावास में अपनी मौजूदगी बनाये हुए हैं। वे अपने उन्हीं पर्यावासों के अनुसार ढले हुए हैं। कोई पानी की सतह पर तैरता है, कोई टखने भर पानी में घूम-घूम कर या फिर एकाग्रचित्त होकर शिकार करता है तो कोई पानी वाली जगहों के इर्द-गिर्द ही फेरा लगाता है। तो कोई रेतीले रेगिस्तान को अपना घर बनाये बैठा है। हर तरह की जलवायु और मौसम के अनुसार पक्षियों ने अपने को ढाला है। इसके साथ ही मौसमों का तोड़ निकालने के लिए उन्होंने हज़ारों किलोमीटर की प्रवास यात्राओं के लिए भी अपने आप को ढाल लिया है। धरती पर शायद ही कोई ऐसा कोना है जहाँ पर जीवन सम्भव हो और वहाँ पर पक्षियों की पहुँच नहीं हो। हम इन्सानों ने तो

शायद फर्डीनान्द मैगलिन और उसके साथियों द्वारा धरती का एक चक्कर पूरा करने के बाद ही यह जाना है कि पूरी पृथ्वी गोल है, लेकिन पक्षी इस सत्य को हज़ारों सालों से जानते रहे हैं और इसी अनुसार वे अपना प्रवास करते रहे हैं।

ख़ुद को तमाम जलवायु और पर्यावासों के अनुकूल बनाने की पक्षियों की यह क्षमता ही है जो उनकी विशालकाय आबादी का कारण रही है। माना जाता है कि धरती पर पक्षियों की 11 हज़ार के लगभग प्रजातियाँ पायी जाती है। इसमें तमाम पर्यावासों में पाये जाने वाले पक्षी शामिल हैं। लेकिन, ध्यान देने की बात यह है कि आज सिर्फ़ कुछ प्रजाति के पक्षियों को छोड़कर ज़्यादातर प्रजाति पर संकट छाया हुआ है। कुछ पक्षी विलुप्त हो गये हैं। कुछ जंगलों में विलुप्त होकर केवल पाल्य अवस्था या कैप्टिविटी में ही बचे हुए हैं। कुछ संकटग्रस्त हैं और कुछ संकटग्रस्त होने की तरफ़ बढ़ रहे हैं। पक्षियों की जिन प्रजातियों को फ़िलहाल संकटग्रस्तता का सामना नहीं करना पड़ रहा है, उनकी भी संख्या में पहले की तुलना में बेहद तेज़ी से गिरावट आयी है और वे आने वाले कुछ सालों में संकटग्रस्त होने की तरफ़ बढ़े हैं।

चिन्ता की बात यह है कि पहले ज़्यादातर ऐसी प्रजातियाँ विलुप्त होती थीं या उन पर संकटग्रस्त होने का ख़तरा आता था जो कि छोटे द्वीपों या छोटी जगहों पर रहती थीं। लेकिन, अब तुलनात्मक तौर पर बड़े पर्यावासों में रहने वाले पक्षियों की प्रजातियाँ भी संकटग्रस्त होकर विलुप्त हो रही हैं। यानी इन पर छाये हुए ख़तरे का विस्तार हो रहा है। सभी समस्याओं के कुछ आम दिखने वाले कारण होते हैं। लेकिन, गहराई में जाने पर उन्हीं समस्याओं के कुछ ज़्यादा गम्भीर कारण पता चलते हैं। ऐसे ही पक्षियों के इस संसार पर छाये संकट के सभी कारणों में मनुष्यों द्वारा किये जाने वाली कार्यकलाप या एंथ्रोपोसीन शामिल है। यानी स्पष्ट तौर पर यह कहा जा सकता है कि प्राकृतिक कारणों के चलते कोई पक्षी विलुप्त नहीं हो रहा है। उसके पीछे हम इन्सान हैं। पक्षियों पर छाये संकट के मुख्य पहलुओं पर नज़र डालते हैं।

एंथ्रोपोसीन है सबसे बड़ा कारण

हमारे आज के युग को एंथ्रोपोसीन यानी मानवयुग कहा जाने लगा है। जैसा कि नाम से ही ज़ाहिर है यह युग मानवों की वरीयता वाला है। इसमें पूरी धरती

पर हर कहीं ही मानवों की उपस्थिति और उनके क्रियाकलापों के चलते होने वाले बदलावों के निशान हैं।

ऊपर हमने प्राणियों की अनुकूलता की बात की। सभी जीव अपने को पर्यावास के अनुकूल बनाते हैं या ऐसी तरकीबें निकालते हैं जिसके ज़रिये वे पर्यावास के अनुकूल बन सकें और उसकी चुनौतियों के बीच घुल-मिलकर अपने जीवन का रास्ता तय कर सकें। कहा जा सकता है कि मानव भी हज़ारों सालों तक ऐसा करता रहा है। वह ख़ुद भी प्रकृति के साथ तालमेल बनाकर चलते हुए विकसित हुआ है। मानव अपने सबसे क़रीबी रिश्तेदारों यानी चिंपैंजी, बोनोबो, गोरिल्ला, ओरांग उटान और गिब्बन से कई बातो में समान होने के बावजूद उनसे तमाम बातों में भिन्न है। मानव की शारीरिक विशेषताएँ भी उनसे भिन्न हैं। ज़ाहिर है कि ख़ुद को अपने पर्यावास के ज़्यादा से ज़्यादा अनुकूल बनाने के प्रयासों में हज़ारों सालों में यह शारीरिक बदलाव हुए हैं और नयी प्रजातियों का जन्म हुआ है।

लेकिन यहीं पर कुछ थोड़ा-सा अलग हुआ। अन्य जीवों द्वारा अपने आप को पर्यावास के अनुसार ढालना जारी रहा। लेकिन, इन्सान ने अपने पर्यावास को ही अपने अनुसार ढालना शुरू किया। प्रकृति के नियमों को समझकर उसने उनका उपयोग अपने हितों में करना शुरू किया। शुरू-शुरू में यह बदलाव बहुत छोटे और मामूली हुआ करते रहे होंगे। लेकिन बाद में जब बहुत सारे मात्रात्मक परिवर्तनों से गुणात्मक परिवर्तन हुए तो उनके नतीजे पहले से अलग हो गये। छोटी-सी नदी में थोड़े से पत्थर लगाकर पानी को रोककर छोटा सा तालाब बनाने की कोशिश अब करोड़ों लीटर पानी को जमा करके बनाये जाने वाले बाँधों में तब्दील हो गयी है। बीजों को उगाने के लिए ज़मीन को थोड़ा समतल करने और उसमें नमी पहुँचाने की कोशिश अब लाखों-करोड़ों हेक्टेयर में होने वाली खेती में तब्दील हो चुकी है। कभी शिकार के दौरान ज़िन्दा पकड़े गये किसी जीव को आगे के लिए बचाकर रख लेने की छोटी-सी कोशिश अब लाखों-करोड़ों की संख्या वाले पशुपालन में तब्दील हो चुकी है। ज़ाहिर है इस सबकी क़ीमत तो चुकानी ही थी।

प्रकृति के नियमों को समझ-बूझकर किये जाने वाले तमाम जुगाड़ों से मनुष्यों की जीवन प्रत्याशा में काफ़ी इजाफ़ा हुआ। ख़ासतौर पर बीते सौ सालों

में धरती पर इन्सानों की आबादी में तेज़ बढ़ोतरी हुई है और यह अभी भी जारी है। इन्सानों द्वारा इस्तेमाल किये जाने वाले संसाधनों का दबाव हर किसी को झेलना पड़ रहा है। चाहे वह पक्षी हो या अन्य कोई वन्यजीव।

पक्षियों का संसार भी इन्हीं दबावों और चुनौतियों का सामना कर रहा है। आइए पक्षियों के सामने छाये मुख्य संकटों पर एक नज़र डालते हैं।

पर्यावासों में बदलाव या खेती का विस्तार

पक्षी जिन पर्यावासों में रहते हैं, उनमें तेज़ी से बदलाव आ रहा है। ख़ासतौर पर खेती के विस्तार के लिए पक्षियों के पर्यावास नष्ट हो रहे हैं। ज़्यादा से ज़्यादा ज़मीनों को खेती के अनुकूल बनाने के प्रयास किये जा रहे हैं। माना जाता है कि संकटग्रस्त पक्षियों की प्रजातियों के लिए 74 फ़ीसदी से ज़्यादा ख़तरा सिर्फ़ खेती के विस्तारीकण के चलते ही पैदा हुआ है। धरती की सूखी सतह का लगभग चालीस फ़ीसदी हिस्सा अब खेती या पशुपालन के लिए इस्तेमाल किया जाता है। खेती के विस्तारीकरण, पुराने पर्यावास के नष्ट होने और एक जैसी फ़सल की खेती करने से पक्षियों के जीने के मौक़े कम हो जाते हैं।

वर्ष 2022 में बर्डलाइफ इंटरनेशनल द्वारा जारी स्टेट ऑफ़ द वर्ल्ड बर्ड रिपोर्ट के मुताबिक़ खेती के विस्तारीकरण और सघन खेती के चलते पक्षियों की 73 फ़ीसदी तक प्रजातियाँ दबाव का सामना कर रही हैं। दुनिया के पैमाने पर पक्षियों की 49 फ़ीसदी प्रजातियों की तादाद कम हो रही है। जबकि वर्ष 1500 के बाद से अब तक पक्षियों की कुल 187 प्रजातियाँ विलुप्त हो चुकी हैं। इनमें से ज़्यादातर प्रजातियाँ छोटे द्वीपों में रहने वाली स्थानीय प्रजातियाँ थीं जो सिर्फ़ वहीं पर पायी जाती थीं। लेकिन अब ज़्यादा बड़े क्षेत्रफल में रहने वाली पक्षियों की प्रजातियाँ संकट का सामना कर रही हैं। ख़ासतौर पर ट्राफिकल क्षेत्र में रहने वाले पक्षियों पर संकट छाया है। पक्षियों की सिर्फ़ छह फ़ीसदी प्रजातियाँ ही ऐसी हैं, जिनकी तादाद में बढ़ोतरी हो रही है। जबकि हर आठ में से एक पक्षी प्रजाति पर विलुप्त होने का ख़तरा है।

रिपोर्ट बताती हैं कि वर्ष 1970 से लेकर अब तक केवल उत्तरी अमेरिका में ही 2.9 अरब पक्षी समाप्त हो चुके हैं। जो पक्षियों की कुल संख्या का

लगभग 29 फ़ीसदी है। जबकि वर्ष 1980 से अब तक यूरोप में 60 करोड़ पक्षी समाप्त हो चुके हैं। यह उनकी तादाद का 19 फ़ीसदी हिस्सा था। यूरोप में पहले बहुत ज़्यादा पायी जाने वाली कॉमन श्विफ्ट, कॉमन स्नाइप और रूक जैसी प्रजातियाँ अब विलुप्ति की कगार पर पहुँच गयी हैं। यूरोप में कृषि क्षेत्र और उसके आसपास रहने वाले पक्षियों की तादाद में सबसे ज़्यादा तेज़ी से गिरावट आयी है। मशीनीकरण, खेतों में इस्तेमाल होने वाले रसायनों और ज़मीन को खेती के लिए तैयार किये जाने के चलते 57 फ़ीसदी पक्षी ग़ायब हो चुके हैं। जबकि, ऑस्ट्रेलिया में कभी प्रचुरता में दिखने वाले सीबर्ड की तादाद सिर्फ़ 2000 से 2016 के बीच ही 43 फ़ीसदी तक कम हो चुकी है।

समझा जा सकता है कि कृषि का बहुत तेज़ी से हुआ विस्तारीकरण पक्षियों के जीवन को कई तरह से प्रभावित करता है। एक तरफ़ तो जंगलों को साफ़ करने से उनके पर्यावास नष्ट हो गये। दूसरी तरफ़ कृषि में इस्तेमाल होने वाले तमाम रसायन उनके लिए जानलेवा साबित होते हैं। इन रसायनों से कीटों की तादाद भी कम हो जाती है और इससे पक्षियों का पोषण भी ख़तरे में पड़ जाता है। चाय, कॉफ़ी, गन्ना, कोकोआ और पॉम आदि के लिए दुनिया भर में बड़े-बड़े बागान या खेत बनाये गये हैं। एक ही तरह के पेड़ पौधे वहाँ पर किसी विशेष तरह के ईकोसिस्टम के अस्तित्व के बने रहने को असम्भव बनाने लगते हैं। पक्षियों के पास पंख होते हैं। इसलिए पर्यावास में कोई ख़तरा या बदलाव देखते ही वे वहाँ से उड़कर दूसरी जगह पर जाने का प्रयास करते हैं। लेकिन परेशानी की बात यह है कि वे जहाँ पर जाते हैं वहाँ पर भी कुछ दिन बाद यही स्थिति पहुँच जाती है। यानी जंगलों को साफ़ करना और उसे खेती या बागानों के लिए तैयार करना। कुल मिलाकर उनकी दुनिया सिकुड़ती जा रही है। उन्हें जीवन यापन के लिए बहुत ही कम स्थान मिल रहा है और यह उनके अस्तित्व पर छाये संकट का एक प्रमुख कारण है।

आक्रामक विदेशी प्रजातियों का विस्तार

ख़ासतौर पर पिछले पाँच सौ सालों में इन्सानों का धरती के एक छोर से दूसरे छोर पर जाना आसान और सामान्य हो गया है। इन्सान धरती के एक कोने की

पेड़-पौधों की प्रजातियों को दूसरे कोने में पहुँचा देते हैं। ऐसा सिर्फ़ पेड़-पौधों में ही नहीं होता है। बल्कि, इन्सानों के ज़रिये कुत्ते, बिल्लियाँ, चूहे जैसे तमाम जीव और यहाँ तक कि पक्षी भी धरती के ऐसे कोने में पहुँच जाते हैं, जहाँ पर पहले उनका पर्यावास नहीं हुआ करता था। कई बार वे नये पर्यावास में अपने अस्तित्व को बचा नहीं पाते हैं। लेकिन अक्सर ही इसका उलटा भी देखने को मिलता है।

नये पर्यावास में उनका कोई भी प्राकृतिक दुश्मन मौजूद नहीं होता है। इसके चलते वे तेज़ी से विकसित होते हैं। इससे वहाँ पर पहले से मौजूद जीव और वनस्पति जगत का जीवन प्रभावित होता है। पक्षियों पर छाये संकट में आक्रामक विदेशी प्रजातियों को भी अहम भूमिका है। आप इसे ऐसे देखिए कि जिन हिस्सों में पक्षी बिल्लियों की मौजूदगी और उनसे बचने का उपाय निकालने का अभ्यस्त नहीं होते हैं, वहाँ पर बिल्लियों के पहुँचने पर क्या होगा। ज़मीन पर अण्डा देने वाले पक्षियों के लिए आवारा कुत्ते एक बड़ी समस्या बन गये हैं।

बेतहाशा हुआ पक्षियों का शिकार

पक्षियों के अस्तित्व पर छाये प्रमुख संकटों में शिकार भी एक बड़ा कारण है। सदियों से इन्सान पक्षियों का शिकार करता रहा है। लेकिन, तब इन्सान के पास इतनी आधुनिक तकनीकें नहीं थीं। पक्षियों की आदतों का गहराई से अध्ययन करके लोग उनका शिकार किया करते थे। हालाँकि, पक्षी के पास भी शिकारियों से बचने के तमाम हुनर मौजूद थे और शिकारियों को कई बार दिन भर भटकने के बाद भी मायूसी का सामना करना पड़ता था। लेकिन, आधुनिक तकनीकों ने इस खाई को पाट दिया है। अब पक्षियों के बचाव के तरीक़े बहुत नाकाफ़ी साबित होने लगे हैं और इससे उनकी आबादी पर बहुत ज़्यादा फ़र्क़ पड़ा है। बड़े पैमाने पर होने वाले शिकार के चलते भी कई पक्षी प्रजातियों का जीवन संकट में है।

प्रदूषण एक तेज़ी से बढ़ता हुआ ख़तरा

प्रदूषण एक तेज़ी से बढ़ता हुआ ख़तरा है। हर तरह के जीवन पर इसका गम्भीर असर देखने को मिल रहा है। पक्षियों को सभी तरह के प्रदूषण के नुक़सान का

सामना करना पड़ रहा है। ऊपर ज़िक्र आ चुका है कि खेती में इस्तेमाल होने वाला रसायन कैसे पक्षियों की जान लेता है। साथ ही कीटों की तादाद कम होने के चलते इन्हें खाने वाले पक्षियों का पोषण संकट में पड़ जाता है। शहरों और उसके आसपास ध्वनि प्रदूषण इतना बढ़ गया है कि पक्षियों की जीवन चर्या प्रभावित होती है। इसके चलते पक्षी एक-दूसरे की पुकार नहीं सुन पाते हैं और उसका जवाब नहीं दे पाते हैं। शहरों में होने वाली बहुत ज़्यादा रोशनी भी पक्षियों के लिए एक तरह का प्रदूषण साबित होती है। रात्रिचर पक्षियों को इसका खमियाज़ा भुगतना पड़ता है। जबकि दूर-दूर की दूरी तय करने वाले पक्षी इससे असमंजस में पड़ जाते हैं। दूर-दूर तक लगाये गये सोलर पैनल को आसमान में ऊँचाई पर उड़ती चिड़िया कई बार जलाशय समझ लेती हैं और इसमें उतरने के चलते घायल हो जाती हैं या उनकी ज़िन्दगी ख़तरे में पड़ जाती है। जल प्रदूषण के चलते भी पक्षियों को कुछ ऐसे ही संकटों का सामना करना पड़ता है।

जलवायु परिवर्तन भी बड़ी वजह

जलवायु परिवर्तन के प्रभाव पूरी दुनिया में ही अलग-अलग देखने को मिल रहे हैं। ज़ाहिर है कि पक्षियों का जीवन भी इससे अछूता नहीं है। जलवायु परिवर्तन के चलते पक्षियों के पर्यावास में तेज़ी से बदलाव आ रहा है। कहीं पहले से ज़्यादा बारिश हो रही है तो कहीं पहले से ज़्यादा सूखा पड़ रहा है। मौसमों में परिवर्तन आ रहा है। इसके चलते मौसमों के आधार पर ही एक स्थान से दूसरे स्थान तक प्रवास करने वाले पक्षियों का जीवन भी प्रभावित हो रहा है। जलवायु परिवर्तन के चलते पक्षियों का पर्यावास, उनका प्रवास, पोषण, सुरक्षा, प्रजनन आदि सभी कुछ संकट में पड़ा है और पक्षियों की तमाम प्रजातियों पर इस संकट का साया साफ़-साफ़ देखा जा सकता है।

अध्याय : 9

एक आत्मकथ्य : स्वर्ण नगरी में सोन चिरैया की खो

अक्सर ही मैं सोचता हूँ कि यह सफ़र कैसे शुरू हुआ। जहाँ तक मेरी स्मृति जाती है, मुझे लगता है कि पहली बार वर्ष 2010 में मैंने यह नाम सुना था। सोन चिरैया। पहली बार मैंने इस चिड़िया के बारे में जाना। इस पर छाये संकटों के बारे में जाना। हालाँकि आज की तुलना में वह काफ़ी धुँधला-धुँधला था। लेकिन, फिर भी वह मेरी पहली स्मृतियाँ थीं। पहला परिचय था। और कहें कि लव ऐट फर्स्ट साइट था। पहली नज़र का प्यार।

इसके बाद से ही मैंने इस पक्षी के बारे में लगातार पढ़ने की कोशिश की। किसी ने इसे भारत का शुतुरमुर्ग कहा। किसी ने इसे भारत का सबसे बड़ा पक्षी। किसी ने कहा कि यह भारत का सबसे बड़ा उड़ने वाला पक्षी है। ख़ासियत देखिए, यह पक्षी उड़ता तो है, छोटी दूरी के प्रवास भी करने की बात कही जाती है, लेकिन यह पक्षी कभी पेड़ पर नहीं बैठता। इसके पंजों की बनावट ही ऐसी होती है जो इसे ज़मीन पर दौड़ने लायक बनाती है। ज़मीन पर ही घोंसले बनाती है। कुछ ने तो यह भी कहा कि कभी इसके अण्डों को ही पारस पत्थर समझा जाता था। आप जानते हैं न उस मशहूर पत्थर को जिसके छूते ही हर चीज़ सोना बन जाती है। सदियों से लोग उसकी तलाश में रहे हैं। अपने जीवन के क़ीमती घण्टों को इसी ख़ब्त में ख़त्म करते।

कोई इसे गोडावण कहता है। कोई सोन चिरैया। कोई हुकना और तुगदर भी। यह ग्रेट इंडियन बस्टर्ड था। जिसे कभी भारत का राष्ट्रीय पक्षी भी चुना जा सकता था। लेकिन, कोई ग्रेट इंडियन बस्टर्ड को ग्रेट इंडियन बास्टर्ड न

समझ ले। इसलिए इसके चुनाव को वरीयता नहीं दी गयी। ज़ाहिर है कि अन्य कारण भी रहे होंगे।

इन सारे वर्षों में मैं इस पक्षी की तलाश करता रहा। इसके बारे में सूचनाओं को एकत्रित करता रहा। हाईटेंशन लाइन से होने वाली उसकी मौतों और उन हृदयविदारक शवों की तस्वीरों को देखता रहा। जंगल कथा में लोगों को इसके बारे में बताने की कोशिश की। पर मैंने ख़ुद इसे कभी देखा नहीं था। एक टीस बनी हुई थी। कसक सी। इसे देखने की तड़प थी।

यह तड़प मुझे जैसलमेर तक लेकर गयी। सच कहूँ तो यह एक यात्रा थी जो कई वर्षों से लम्बित थी। इसका मुहूर्त बन नहीं पा रहा था। कोई न कोई बाधा आ खड़ी होती थी। पर इस बार ऐसा नहीं हुआ।

जैसलमेर का पक्का टिकट मिल नहीं रहा था। मैंने खिड़की से टिकट ख़रीदा हुआ था कि अगर सीट पक्की नहीं भी होती है तो यात्रा करने को मिले। यात्रा लम्बी थी। दिल्ली से जैसलमेर तक 18 घण्टे की यात्रा। पाँच बजे दिल्ली कैंट स्टेशन से ट्रेन पकड़नी थी। तड़के तीन बजे उठा तो पता चला कि टिकट कन्फर्म नहीं हुआ था। यात्रा का पूरा उत्साह तुरन्त ही ठण्डा हो गया। पूरा घर सो रहा था। मैं कुछ देर के लिए एक कोने में बैठ गया। क्या आज भी यह यात्रा टल जायेगी। क्या बिना आरक्षित सीट के 18 घण्टे की यात्रा ठीक रहेगी। क्या करूँ। सारी तैयारियाँ थीं। क्या यह सब कुछ यूँ ही जाने दूँ। फिर किसी और दिन कोशिश करूँ।

नहीं। मन नहीं माना। आज टालना ठीक नहीं है। मैंने तुरन्त ही तैयारी शुरू कर दी। कैब बुला ली। मैं प्लेटफार्म पर पहुँच गया। यह ट्रेन दूर से आनी थी। रानीखेत से जैसलमेर तक की इसकी यात्रा थी। ट्रेन आने के बाद पता चला कि रानीखेत एक्सप्रेस और जिम कार्बेट दोनों ही एक साथ जुड़ी हुई ट्रेन है।

लगभग पन्द्रह मिनट की देरी से ट्रेन आयी। ढेर सारे यात्रियों की भीड़ ट्रेन में समाने लगी। उन दिनों पंजाब में किसान आन्दोलन ने तीन दिन का रेल रोको अभियान चला रखा था। पता चला कि इसके चलते इस रूट पर जाने वाली कुछ रेलगाड़ियाँ निरस्त हो गयी हैं। इस रेलगाड़ी में अतिरिक्त भीड़ हो गयी है। अपनी समझ से मैं कम भीड़-भाड़ वाले स्लीपर कोच में घुस गया।

डिब्बे के अन्दर लोग अपनी सीटों पर सोये पड़े थे। शोरगुल से उनमें से कई लोगों की नींद टूट गयी थी। कुछ लोग जाग भी रहे थे। मैं एक सीट पर सोए सज्जन के पायताने पर थोड़ी-सी जगह लेकर बैठ गया। थोड़ी ही देर में उन्होंने पैर से टहोका दिया। बोले, मैं सो नहीं पा रहा हूँ। मैंने कहा कि आप इधर कर लीजिए। मैं बग़ल में बैठ जाता हूँ। शायद मेरे शब्दों की विनम्रता से उन्हें कुछ अलग अहसास हुआ होगा कि उन्होंने फिर कुछ नहीं कहा। ट्रेन चल पड़ी।

वैसे भी कुछ ही देर में सूरज निकलने वाला था। फिर सबको बैठकर ही यात्रा करनी थी। ट्रेन में बहुत ज़्यादा भीड़ थी। सुबह से मैंने चाय भी नहीं पी थी। चलते हुए बैग में एक सेब रख लिया था। तो रेलगाड़ी में बस उसे हल्के-हल्के कुतरने लगा। हमारी रेलगाड़ियों की ख़ासियत यही है। भीड़ चाहे कितनी भी हो, थोड़ी देर में सब सामान्य हो जाते हैं। शुरुआत में हर छोटे-छोटे स्टेशन से कुछ लोग डिब्बे में चढ़ जाते। भीड़ और ज़्यादा हो जाती। लेकिन, रेवाड़ी से उसके ख़ाली होने का सिलसिला शुरू हो गया। जयपुर पहुँचकर तो रेलगाड़ी लगभग ख़ाली हो गयी। मेरे पास खिड़की की सीट आ गयी। मैं खिड़की से बाहर का दृश्य देख रहा था। अपने आप को शाबाशी भी दे रहा था।

रिज़र्वेशन कन्फर्म नहीं होने वाले निराशा के उन क्षणों में अगर मैंने अपनी यात्रा टाल दी होती तो क्या होता। फिर पता नहीं कितने महीने या कितने साल मुझे इस यात्रा के लिए फिर से इन्तज़ार करना पड़ता। लेकिन, अब मेरी एक बरसों की साध पूरी होने वाली थी। मैं उस पक्षी को पहली बार देखने जा रहा था, जिसके प्यार और चिन्ता ने मुझे सालों से जकड़ रखा था। मैं एक बार उसे देखना चाहता था। तस्वीरों में नहीं। सामने से। यह काफ़ी दुर्लभ था। क्योंकि अब यह पक्षी डेढ़ सौ से भी कम की संख्या में बचा है। कभी भारत के बड़े हिस्से में पाये जाने वाले गोडावण या सोन चिरैया या ग्रेट इंडियन बस्टर्ड की आबादी साफ़ हो गयी है। राजस्थान के जैसलमेर व आसपास के क्षेत्र में ही उनकी कुछ आबादी बची हुई है। राष्ट्रीय मरु उद्यान और आसपास के क्षेत्र में। पोखरण में परमाणु विस्फोट वाले क्षेत्र में। यहाँ पर सामान्य लोगों को आने-जाने की इजाज़त नहीं है। इसलिए वहाँ पर कुछ गोडावण बचे हुए हैं। लेकिन यह सब संख्या भी कुल मिलाकर सवा सौ के क़रीब ही मानी जाती है।

ऐसे में इन पक्षियों के लिए कंजर्वेशन ब्रीडिंग कार्यक्रम की शुरुआत भारत सरकार, राजस्थान सरकार, भारतीय वन्यजीव संस्थान द्वारा की गयी है। इस तरह का एक सेंटर रामदेवरा में है तो दूसरा सम गाँव में। गोडावण पक्षी ज़मीन पर घोंसले बनाकर ही अण्डे देते हैं। ऐसे में उनके अण्डों के नष्ट होने की सम्भावना भी बहुत रहती है। एक पक्षी जिसकी आबादी ही डेढ़ सौ से कम रह गयी हो, उसके एक अण्डे के नष्ट होने से भी कितना बड़ा नुक़सान पूरी प्रजाति को हो सकता है, यह समझा जा सकता है। यह स्थिति और भी ज़्यादा चिन्ताजनक इसलिए बन जाती है, क्योंकि गोडावण आमतौर पर साल भर में एक ही अण्डे देते हैं।

इसलिए विशेषज्ञ मरुभूमि में इनके घोंसलों का पता लगाते हैं। उन पर निगाह रखते हैं। जब वे अण्डे देते हैं तो उन्हें एकत्रित कर लिया जाता है। फिर उसे प्रजनन केन्द्र में लाकर इंक्यूबेशन मशीनों में रखा जाता है। अण्डे सेने का जो काम पक्षी करते हैं, इन मशीनों के सहारे इनसान वो काम करता है। इस तरह के प्रयासों को शुरुआती सफलता मिली है। इसके पीछे कामना यह है कि सोन चिरैया की एक आबादी को सुरक्षित कर लिया जाये। ताकि, अगर वे अपने प्राकृतिक आवास में नहीं भी बचते हैं तो उन्हें पूरी तरह से विलुप्त होने से रोका जा सके। इस तरह से तैयार आबादी से बाद में पैदा होने वाले बच्चों को फिर से वन्यजीव की आदतें दिलाकर उन्हें प्राकृतिक आवास में छोड़ा जा सकता है।

तो दोस्तो, मुझे इन्हीं दो प्रजनन केन्द्रों में जाना था। इसके साथ ही राष्ट्रीय मरु उद्यान में भी। जहाँ पर प्राकृतिक आवास में गोडावणों के दिखने की सबसे ज़्यादा सम्भावना रहती है। गोडावण देखने की इच्छा रखने वाले लोग यहाँ पर जाते हैं। अगर वे ख़ुशक़िस्मत रहे तो उन्हें गोडावण दिख भी जाते हैं। बहुत सारे लोग ख़ाली हाथ भी लौट आते हैं। हालाँकि, गोडावण भले ही न दिखे लेकिन मरु भूमि की जटिल और सुन्दर संरचना उन्हें ज़रूर प्रभावित करती है। इसलिए इसे पूरी तरह से ख़ाली हाथ भी नहीं कहा जा सकता है।

वन्यजीवन से जुड़े कुछ बहुत पुराने सम्पर्कों से मुझे प्रजनन केन्द्र के संचालकों का नम्बर मिला था। जिनसे मैंने केन्द्र देखने की इच्छा जताई। उन्हें

मैंने गोडावण पर किताब लिखने की भी जानकारी दी। उन्होंने मुझे आने के लिए कहा। मैंने पूछा कि कहाँ पर मैं आऊँ। तो दिल्ली से आने की बात जानकर उन्होंने मुझे पहले रामदेवरा आने के लिए कहा।

इसलिए मुझे पहले रामदेवरा जाना था। यात्रा की तैयारी के दौरान ही मुझे पता चला कि यह जैसलमेर स्टेशन से दो स्टेशन पहले पड़ता है। पहले जानकारी नहीं होने के चलते टिकट जैसलमेर का था। आठ-साढ़े आठ बजे इस रेलगाड़ी को रामदेवरा पहुँच जाना था। लेकिन शुरू से ट्रेन ने जो देरी की थी, उसमें कुछ न कुछ देरी वह लगातार जोड़ती रही थी। रामदेवरा तक पहुँचते-पहुँचते ट्रेन दो घण्टे के लगभग देर हो चुकी थी। दस बजे के बाद मैं धड़कते हुए दिल के साथ रामदेवरा स्टेशन पर उतरा।

स्टेशन से बाहर निकला और यूँ ही एक दिशा में आगे बढ़ने लगा। स्टेशन पर कुछ सवारी वाले अभी खड़े थे। वे अलग-अलग जगहों का नाम लेकर सवारियों को बैठा रहे थे। मुझे कहीं जाना नहीं था। मैंने सोचा कि पहले एक जायज़ा ले लूँ। कुछ दूर आगे बढ़ते ही मुझे एक गेस्ट हाउस का बोर्ड लगा हुआ दिखाई पड़ा। नीचे फ़ोटो स्टूडियो था। मैंने पूछा कमरा है। उसने हामी भरी। मैंने कहा कमरा दिखा दो। मैं बाहर से आया हूँ। रात का वक़्त है। उसने रेट में इजाफ़ा कर दिया। एसी रूम पन्द्रह सौ। बिना एसी वाला बारह सौ। मैंने कहा कि भाई पहले रूम तो दिखा दो। ऊपर जाकर उसने रूम दिखाया। एक बेहद गन्दा सा रूम था। जिसमें फ़र्श पर ही मोटे-मोटे गद्दे बिछे हुए थे। वो एसी रूम था। बोला इसमें एसी लगा है। मैं बोला कि मुझे एसी नहीं चाहिए।

फिर उसने एक दूसरा कमरा दिखाया। इसमें डबलबेड लगा हुआ था। चादरें और तकिया बेहतर गन्दी थीं। जैसे लगातार बहुत ज़्यादा इस्तेमाल होती रही हों। उसने बोला कि आपके लिए एक हज़ार कर देंगे। मैंने कहा कि ये तो बहुत ही गन्दा है। ये साफ़ नहीं हो जायेगा। उसने कहा कि अब रात के इस समय तो होना मुश्किल है।

मैं मोल भाव करने लगा। मैं बहुत थका हुआ था। मुझे लगा कि सिर्फ़ एक रात सोना ही तो है। रूम तय हो जाये तो मैं कहीं जाकर कुछ खाने का भी देखूँ। यह भी लग रहा था कि इतनी रात में और मिलेगा भी क्या। सौदा आठ सौ रुपये में पट गया। उसने मेरा आधार कार्ड लिया। उसका फ़ोटो

स्टेट कराकर आधार कार्ड वापस कर दिया। फिर उसने पैसे माँगे। मैंने कहा कि पाँच सौ अभी दे देता हूँ। बाक़ी तीन सौ कमरा छोड़ते हुए दूँगा। उसने कहा कि नहीं पैसे तो पूरे देने होंगे।

शायद हम दोनों डरे रहे होंगे। उसे डर होगा कि कहीं बाक़ी पैसा दिये बिना यह सुबह फूट न ले। मुझे डर था कि पूरे पैसे लेने के बाद यह मुझे शायद ही रूम में कोई सुविधा उपलब्ध कराये। क्योंकि उसका रवैया तो ऐसा नहीं था। इसी पर सौदा टूट गया। मैंने कहा कि भाई तुम अपना कमरा देखो। मैं कहीं और देखता हूँ।

कुछ ही क़दम आगे बढ़ा था कि एक दूसरे गेस्ट हाउस का बोर्ड दिखाई दिया। यहाँ पर जाकर मैंने पूछा कि कमरा है। उसने कहा कि हाँ। मैंने पूछा कितने का। बोला चार सौ रुपये लगेंगे। एक दिन का। मैं तुरन्त आधे ख़र्च पर आ गया। मैंने कहा कि कमरा दिखा दो। कमरा उस होटल वाले से बेहतर था। बहुत अच्छा तो नहीं लेकिन मुझे सिर्फ़ एक रात काटनी थी। मैंने उसे पूरा पैसा दे दिया। फिर उसने खाने के बारे में पूछा। उसने उसी रास्ते पर आगे जाकर एक होटल वाले का नाम बताया। बोला वहाँ खाना अच्छा मिलेगा।

कमरे में थोड़ा हाथ-मुँह धोने के बाद मैं पूरी थकान के साथ उस दिशा में गया। रात के उस ग्यारह बजे के समय में यह मुझे कोई उजाड़ सा देहाती क़स्बा लग रहा था। जहाँ पर जैसे कोई मेला अभी-अभी उठ गया हो। वैसा ही उजाड़ सा माहौल था। लेकिन, वैसी ही रंग-बिरंगी रोशनियाँ भी दिखाई दे रही थीं।

थकान की झोंक में ही मैंने खाना खाया। वहाँ से चुपचाप लौटा और सो गया। लेकिन, जब अगले दिन सुबह मैं उठा तो मेरे सामने एक अलग ही दुनिया ज़ाहिर थी।

नयी जगह थी तो थकान के बावजूद नींद जल्दी खुल गयी। दैनिक निबटाने के बाद मैं होटल से बाहर निकल आया। मैंने सोचा कि आसपास का थोड़ा जायज़ा ही लिया जाये। उस समय तक यह क़स्बा अधनींद में था। कुछ जाग हो चली थी। कुछ सोए थे। इससे पहले मैं असली वाले बाबा रामदेव को नहीं जानता था। रामदेवरा बाबा रामदेव की कर्मभूमि है। यह एक बेहद प्रसिद्ध सिद्ध थे। यहाँ पर लाखों लोग उनकी पूजा करते हैं। हर साल उनके मन्दिर में

आने वालों की संख्या लाखों में होती है। वे हमारे आज के योग और आयुर्वेद के व्यापारी से काफ़ी कुछ अलग थे।

मैं सुबह-सुबह आगे तक टहलने चला गया। पूरे रास्ते मुझे धर्मशालाएँ, गेस्टहाउस, होटल और चाय-पानी की दुकानें देखने को मिलीं। बहुत सारे लोग राजस्थानी पगड़ी और गुजराती पगड़ी में थे और दूरदराज से आये थे। राजस्थान और गुजरात के अलग-अलग शहरों के नाम पर धर्मशालाएँ थीं। अलग-अलग जाति वालों ने अपनी अलग-अलग धर्मशालाएँ भी बना रखी थीं। ख़ास बात यह लगी कि यहाँ पर दलित जातियों की धर्मशालाएँ भी अलग दिखीं। बाबा रामदेव एक प्रकार से धर्मनिरपेक्ष सिद्ध हैं। उनके अनुयायियों में हिन्दू और मुसलमान दोनों ही हैं।

मैं जिस जगह पर सोने और ठहरने की इतनी चिन्ता कर रहा था। वह पूरा क़स्बा ही मुसाफ़िरों से भरा हुआ था। वहाँ लोग रहते कम थे, ठहरने वालों की संख्या ज़्यादा थी। वहाँ पर ठहरने की कोई चिन्ता ही किसी को नहीं थी। क्योंकि, वहाँ पर महँगे होटलों की तो कोई पूछ ही नहीं थी। सस्ते गेस्टहाउस, सस्ती धर्मशालाएँ मौजूद थीं। यहाँ तक कि सड़क पर बिछी हुई खाट भी मौजूद थी। सोने के लिए जिसे सिर्फ़ पचास-साठ रुपये में हासिल किया जा सकता था। बहुत ही ज़मीन से जुड़ा हुआ, ग़रीब लोगों का कम ख़र्चे में दर्शन कराने वाला यह एक तीर्थ स्थल है। जहाँ पर लोग अपनी आस्थाओं को लेकर आते हैं। ज़ाहिर है कि आस्थाएँ हमें बहुत सारे कष्टों को सहने में सक्षम बनाती हैं। हम उन कष्टों की परवाह ही नहीं करते। मुझे भी प्रेरणा मिली। मुझे भी तो अपनी आस्था के लिए अपने हिस्से के कष्ट और परेशानियाँ उठाने ही होंगे। तभी तो उसका असली आनन्द मिलेगा। अनुभूति होगी।

अभी ठीक से सुबह हुई नहीं थी। लेकिन, तीर्थयात्रियों के जत्थे के जत्थे आये जा रहे थे। राजस्थान और गुजरात के दूर-दराज के क्षेत्रों से तीर्थयात्रियों से भरी कोई बस आकर रुकती। उसमें से ढेर सारे स्त्री-पुरुष भरभराकर बाहर निकल पड़ते। इसमें बहुत सारे बुज़ुर्ग ऐसे भी थे जिनसे मिलते-जुलते चेहरे मैंने इससे पहले सिर्फ़ पोस्टरों में देखे थे। उनकी चमकीली, रंग-बिरंगी पगड़ियों और सफ़ेद पहनावे को मैं देखता रह जाता। महिलाओं के चमकदार कपड़े।

चाय वहाँ पर एक दो नहीं बनती। चायवालों के पास बर्तन बड़े थे। एक बार में पचासों कप चाय बनती। हालाँकि, कप वहाँ पर छोटे थे। लेकिन, मैं वहीं बैठे-बैठे चाय के दो कप पी गया। वही दस रुपये की। लेकिन, चीनी इतनी ज़्यादा कि लगता कि मुँह चिपक जायेगा। पर चाय ने संवाद के सूत्र निकाल रखे थे। मैं थोड़ी ही देर में उस जगह के बारे में काफ़ी कुछ जान गया। कल रात जिस अजनबी क़स्बे में उतरने से पहले मेरा मन आशंकाओं से भरा हुआ था, अब वह मेरा जाना-पहचाना था और काफ़ी कुछ अपनत्व इससे होने लगा।

चाय की दो-तीन टपरियाँ बदलने के बाद मैं एक बार फिर रेलवे स्टेशन की तरफ़ आ गया। दरअसल चाय की टपरियों पर मैंने कई लोगों से गोदावण प्रजनन केन्द्र के बारे में पूछताछ की। लेकिन, उनमें से कोई भी इसके बारे में जानता नहीं था। लोग गोडावण पक्षी को तो जानते थे। बुज़ुर्ग बचपन में अपनी आँखों से उन्हें देखने की बात बताते। यह भी जोड़ते कि अब कहीं दिखता नहीं। लेकिन, उन्हें प्रजनन केन्द्र के बारे में नहीं पता था। मैंने उन्हें समझाने की भी कोशिश की। अरे वहीं, जहाँ गोडावण पक्षी के अण्डे लाकर उनसे बच्चा निकाला जाता है। पर वे इससे अनभिज्ञ थे। मेरे मन में एक बार फिर से आशंकाएँ ज़ोर पकड़ने लगीं। मैं रेल से सही जगह उतरा तो हूँ न या फिर ग़लत स्टेशन पर उतर गया।

पता नहीं यहाँ से कितनी दूर होगा प्रजनन केन्द्र। रेलवे स्टेशन पर आटो और ई-रिक्शा वाले बड़ी तादाद में खड़े थे। आमतौर पर वाहन चलाने वाले आसपास के इलाक़े को बेहतर जानते हैं। उन्हें जानकारी भी होती है। यही सोचकर मैं वहाँ पर पहुँच गया। एक बात का ज़िक्र करना मैं भूल ही गया। सीमावर्ती क्षेत्र होने के चलते यहाँ तक आते-आते आपको हर जगह पर भारतीय सेना की उपस्थिति साफ़ दिखने लगती है। रेलवे स्टेशन पर भी आर्मी का एक ट्रक खड़ा था। शायद कुछ लोगों को लेने आया था।

यहाँ पर भी मैंने कई लोगों से प्रजनन केन्द्र के बारे में पूछताछ की। लेकिन इसकी जानकारी किसी को नहीं थी। कुछ लोग तो विश्वास ही नहीं कर रहे थे कि ऐसी भी कोई जगह है। लेकिन, मैं उन्हें बहुत ही विश्वासपूर्वक बताता कि नहीं यहीं कहीं है। आसपास ही। पर आप लोगों को पता नहीं है। वे कहते हैं कि यहाँ पर ऐसी कौन-सी चीज़ है, जिसके बारे में हम नहीं जानते।

इसी बातचीत में एक आटो वाले से मैंने नम्बर ले लिया। उससे मैंने पूछा कि पूरे रामदेवरा के दर्शन क़राने के कितने पैसे लोगे। उसने आठ सौ रुपये बोले। अभी मुझे जाना नहीं था। इसलिए अभी मोलभाव करने का कोई फ़ायदा नहीं था। मैंने उससे नम्बर ले लिया। इस वायदे के साथ कि इतने पैसे नहीं दूँगा मैं। कुछ कम कर देना। उसने भी मुस्कुराकर हामी भरी।

मैं अपने कमरे पर वापस आ गया। यहाँ पर आकर मैंने एक बार प्रजनन केन्द्र के अपने सम्पर्क को फ़ोन किया। उनका फ़ोन उठा नहीं। इसके बजाय उन्होंने तत्काल ही मुझे दो नम्बर मैसेज कर दिये। मैसेज में लिखा कि मैंने बोल दिया है आप इन्हें फ़ोन कर लेना। आशंकाएँ फिर हावी हुईं। कहीं गच्चा तो नहीं मिलने वाला।

मैंने धड़कते दिल से पहले नम्बर पर फ़ोन किया। दूसरी तरफ़ एक बेहद ही सौम्य और विनम्र आवाज़ मुझे मिली। उन्होंने मुझसे पूछा आप रेलवे स्टेशन पहुँच गये हैं। मैंने बताया कि मैं रात में ही पहुँच गया था। उन्होंने कहा कि आप वहीं पर रुकिए हम गाड़ी भेज देते हैं। आपने नाश्ता किया है या नहीं। मैंने कहा कि नहीं। उन्होंने कहा कि हमारे साथ ही कर लीजिएगा। मैं इस सौजन्यता पर निहाल हो गया। मन ख़ुशी और उत्साह से भर उठा।

मैं तुरन्त ही नहा-धोकर तैयार हो गया। पिट्ठू टाँगकर रेलवे स्टेशन पर आ गया। कुछ ही देर में गाड़ी आयी और मैं उसमें बैठ गया। मुश्किल से पाँच मिनट में ही गाड़ी क़स्बे से बाहर हो गयी। इसके बाद एक हाईवे आया। उस हाईवे से एक ओर को उतरकर एक अण्डरपास को पार करने के बाद मुझे दूर-दूर तक उजाड़ धरती दिखने लगी। एक ऐसी धरती जहाँ दूर-दूर तक बंजर दिखता था। छोटी-छोटी झाड़ियाँ। बीच-बीच में मिसवाक या पीलू के घने पेड़। बेर और खेजड़ी के पेड़। घुटनों के थोड़ा नीचे तक पहुँचती हुई सूखी घास। इन सबसे इस पूरी धरती को अलग ही सौन्दर्य हासिल हो रहा था। यह सितम्बर के अन्तिम दिन थे। सुबह के आठ-साढ़े आठ बजे हुए थे। लेकिन सूरज बेहद चमकदार था। ऐसा लगता था कि कुछ ज़्यादा ही सफ़ेद रंग वाला दिन है। उजला सा।

गाड़ी पर आगे बढ़ते हुए कँटीले तारों की बाड़ दिखने लगी। हम बाड़ के किनारे-किनारे गाड़ी से चल रहे थे। यहाँ पर कोई सड़क नहीं थी। बस

गाड़ियों के टायरों की लीक थी। जिसके बारे में वहाँ के लोगों को पता था। कोई अनजान चालक यहाँ पर रास्ता भूल सकता था। मैं अपने आसपास के सारे दृश्यों को अपनी आँखों में भरने की कोशिश में जुटा हुआ था। गाड़ी के ड्राइवर से एक-एक कतरे के बारे में जानकारी जुटाने की कोशिश थी।

तभी मैंने पहली बार स्पाइनी टेल लिजार्ड को देखा। हमारी गाड़ी की आवाज़ सुनकर वह अचानक चौंक गयी। और तेज़ी से भागकर कुछ ही दूरी पर मौजूद अपने बिल में छिप गयी। मैंने उसे साफ़-साफ़ देखा। उसकी पूँछ पर हल्के काँटे उगे हुए थे, जो धारीदार पंक्तियों में सजे हुए थे। सूरज की रोशनी जब उसकी पूँछ पर पड़ रही थी तो उससे हल्की नीले रंग की आभा निकलती हुई दिखती। मैं आपको यहीं पर बताता चलूँ कि इससे पहले मैंने बहुत बचपन में कई बार स्पाइनी टेल लिजार्ड को देखा था। शायद आप लोगों ने भी उसे देखा हो। लेकिन, वह उसकी बहुत ही दैन्य अवस्था थी। अधमरी सी। जीवनहीन।

ये बेचारे इतने निरीह जीव हैं कि हम इन्सानों की कुछ हवसों ने इनका जीवन छीन लिया है। स्पाइनी टेल लिजार्ड को ही स्थानीय तौर पर साँडा कहा जाता है। राजस्थान के जिस इलाक़े में वे रहते हैं, वहाँ ज़्यादातर मरुभूमि है। यहाँ पर गर्मी जानलेवा होती है, तो सर्दी भी ख़ून ज़माने वाली पड़ती हैं। इसके चलते सर्दियों के कुछ हिस्सों में अपने पर्यावास के लिए विशेष तौर पर ढली यह छिपकली शीतनिद्रा जैसी स्थिति में चली जाती है। लम्बे समय तक निष्क्रिय रहने के लिए उसे अपने शरीर में वसा एकत्रित करनी होती है। यह वसा वो अपनी पूँछ में एकत्रित करती है। इसी वसा के सहारे जब वो सर्दियों के समय में अपने बिल में छिपी रहती है तो शरीर ऊर्जा की न्यूनतम आवश्यकताएँ पूरी करता है।

यह वसा ही उसके लिए जानलेवा बन जाती है। बहुत सारे इन्सानों के अन्दर यह भ्रम है कि साँडे के शरीर की यह वसा यौन शक्ति में इजाफ़ा करती है। इसके चलते जगह-जगह पर साँडे के तेल बेचने वाले अपना मजमा लगाते हैं। अपने कैशोर्य में मैंने ऐसे मजमे अपनी आँखों से देखे हैं। जहाँ पर मजमेबाज दरी बिछाकर ढेर सारे साँडे को लाइन से बैठाये रहता है। कहा जाता है कि साँडे की रीढ़ की हड्डी तोड़ दी जाती है जिसके चलते वे भाग नहीं पाते हैं

और अधमरे से पड़े रहते हैं। एक ओर मजमेबाज साँडे को किसी बर्तन में उबाल रहा होता है। इसके उबलने के बाद निकलने वाली वसा को ही वह साँडे का तेल कहकर बेचता है। यह इतनी हृदयविदारक और घृणित प्रक्रिया है कि इसकी जितनी भी निन्दा की जाये कम है। ज़ाहिर है कि इस अपराध में जुटे हुए लोगों को सज़ा दिलाने के साथ ही लोगों को इन निरीह जीवों के महत्त्व के प्रति जागरूक किये जाने की भी ज़रूरत है।

स्पाइनी टेल लिजार्ड एक ख़ास क़िस्म के इकोसिस्टम का हिस्सा है। इन्सान के सिर्फ़ एक भ्रम के चलते आज इनके अस्तित्व पर संकट मँडराया हुआ है। क्या होगा जब वे समाप्त हो जायेंगे। यह ईकोसिस्टम बहुत कुछ खो देगा।

तो, मैंने जब स्पाइनी टेल लिजार्ड को भागते हुए देखा तो पहली बार मुझे अहसास हुआ कि मैं जंगल में आ चुका हूँ। यहाँ पर सब कुछ बदला हुआ था। शहर के चिह्न नहीं थे। बस अहसास था कि दूर-दराज पर कहीं एक शहर मौजूद है। दूर-दूर तक धरती पीली-पीली और धूसर लग रही थी। आसमान नीला था। उसमें सफ़ेद बादलों के कुछ अनगढ़ से टुकड़े तैर रहे थे। बस थोड़ी ही देर में हमारी गाड़ी भी उस बाड़ेबन्दी के गेट पर पहुँच गयी। यहाँ पर मेरा इन्तज़ार ही किया जा रहा था। जंगल मुझे सहज कर देते हैं। मन ख़ुश हो जाता है। किसी मॉल में जाकर मन पर न जाने कैसी मनहूसियत छा जाती है। कहीं भी देखने का मन नहीं करता। लेकिन जंगल में जैसे हर किसी दृश्य को अपनी आँखों में बैठा लेने की इच्छा जगी रहती है। कुछ छूट न जाये। एक-एक दृश्य को पी जाऊँ।

यहाँ मुझे बहुत ही शानदार आतिथ्य प्राप्त हुआ। जिस सौम्य और विनम्र आवाज़ से फ़ोन पर मेरी बात हुई थी अब वे मेरे सामने थे। जंगल की ज़िन्दगी में मैंने खूसट लोग कम ही देखे हैं। ज़्यादातर लोग बेहद ख़ुशमिजाज़, विनम्र और प्रकृति और वन्यजीवन में ही रमे हुए दिखते हैं। अपने आसपास के जीवन के लिए वे जीवन से भरे होते हैं। ऐसी ही कुछ विनम्रता और सौजन्यता मुझे उनके अन्दर भी दिखी। उन्होंने बहुत ही प्यार से मेरा स्वागत किया। बात ही बात में मैंने उन्हें अपने आने का उद्देश्य बताया। कहा कि मैं गोडावण या सोन चिरैया पर एक किताब लिख रहा हूँ। यह किताब हिन्दी में होगी और इस

पक्षी के बारे में एक सम्पूर्ण पुस्तक होगी। उन्हें किताब का आइडिया बहुत ही अच्छा लगा। थोड़ा आश्चर्य भी हुआ कि मैं अपनी किताब के लिए दिल्ली से इतनी दूर चला आया।

किसी ख़ास विधि से पकाई हुई प्याज़ की चटनी और पराँठे। मुझे चटनी बेहद स्वाद लगी।

ऐसा लग रहा था कि जैसे जंगल के किसी एक छोटे-से टुकड़े में मैं बैठा हूँ। जंगल के इसी छोटे टुकड़े में कंक्रीट की इमारतों के कुछ छोटे-छोटे टुकड़े मौजूद थे। जहाँ मैं बैठा था, वहाँ से सेंटर का गेट भी दिख रहा था। गेट के बग़ल में सफ़ेद बबूल का एक पेड़ था। सफ़ेद रंग के फूल खिले हुए थे। मुझे लगा कि ज़रूर इन फूलों में कोई ख़ास ख़ुशबू होगी। क्योंकि तमाम मधुमक्खियाँ उसके इर्द-गिर्द मँडरा रही थीं।

नाश्ते के दौरान ही सोन चिरैया के बारे में तमाम बातें होती रहीं। यह बात सुनने में जितनी आसान लगती है, दरअसल उतनी होती नहीं है। जंगल में ग्रेट इंडियन बस्टर्ड का घोंसला खोजना, उसमें ऐसे घोंसले की पहचान करना जिसमें अण्डे हों और मादा उसे से रही हो, फिर उन अण्डों को एकत्रित करके ले आना, एक बहुत ही श्रमसाध्य काम है। इसके लिए तमाम तरह की विशेषज्ञता की ज़रूरत होती है। क्योंकि, यह पक्षी ज़मीन पर घोंसला बनाते समय कुछ घास-फूँस भी एकत्रित नहीं करता। कोई कंकड़-पत्थर एकत्रित करके कटोरी जैसा बनाने की भी कोशिश नहीं करता। बस जहाँ छोटी-सी गड्डेनुमा जगह होती है, वहाँ पर ये अपना घोंसला बना सकता है। बस शर्त इतनी-सी है कि आसपास घुटनों से थोड़ा नीचे तक पहुँचने वाली झाड़ियाँ होनी चाहिए, ताकि अण्डे सेते समय भी यह दूर से आने वाले ख़तरों को भाँप सके।

सोन चिरैया के बारे में तमाम ख़बरों, शोधपत्रों आदि को पढ़ने के बाद मेरे मन में एक सवाल बैठा हुआ था। सबसे पहले मैंने उन्हीं से पूछा कि क्या आपने कभी इसे किसी पेड़ पर या दीवार पर बैठे देखा है। मुझे लगता है कि मेरे इस नादान सवाल पर वे मन-ही-मन थोड़ा हँसे ज़रूर होंगे। उन्होंने कहा कि नहीं। यह पक्षी कभी पेड़ पर या दीवार पर नहीं बैठता। इसके पैर के पीछे तरफ़ की उँगलियाँ ही नहीं होती हैं, जिससे आमतौर पर पक्षी पेड़ों की डाल

आदि पकड़ने का काम करते हैं। यह पक्षी पूरी तरह से ज़मीन पर रहने-दौड़ने के हिसाब से अनुकूलित है।

शरीर का वज़न ज़्यादा होता है। कई बार तो यह उड़ने में भी आनाकानी करता है। कोशिश करता है कि उड़ना नहीं पड़े। ख़तरा भाँपकर यह तेज़-तेज़ चलकर दूर भागने की कोशिश करता है। कई बार ऐसा भी होता है कि ख़तरा देखकर यह चुपचाप बिना हिले-डुले बैठ जाता है। जैसे कि उसे अपने केमोफ्लाज या छलावरण पर भरोसा हो कि कोई उसे देख नहीं पायेगा। मुसीबत आने पर जब एकदम ही ज़रूरी हो जाता है तभी यह पक्षी उड़ान भरता है। पहले उड़ान को टालने का प्रयास करता है।

नाश्ते के बीच हमारी बातें गोडावण के जीवन और जीवन संघर्ष से ही भरी हुई थीं। कैसे कभी भारत के बड़े हिस्से में पाया जाने वाला पक्षी अब विलुप्ति की कगार पर पहुँच गया है। इस प्रजाति को बचाने की यह शायद आख़िरी कोशिशें हैं। इन्हें कामयाब होना ही है। नहीं तो आने वाली पीढ़ियाँ सिर्फ़ इन्हें तस्वीरों में ही देख पायेंगी। अच्छी ख़बर यह है कि कृत्रिम प्रजनन केन्द्र को चार साल के समय में ही अच्छी ख़ासी सफलता मिली है। दोनों केन्द्रों में कुल 28 पक्षी हो गये हैं। इसी वर्ष यानी 2023 में कुल आठ बच्चों का जन्म हुआ है। इसमें से सात बच्चे तो उन अण्डों से पैदा हुए हैं जो जंगल से एकत्रित करके केन्द्र में लाये गये और यहाँ पर कृत्रिम तरीक़े से उन्हें सेने का काम किया गया। जबकि पहले से ही केन्द्र में रह रहे माता-पिता के मिलन से हुए अण्डे से भी बच्चे को पैदा करने में केन्द्र को कामयाबी मिली है। इस प्रजाति के जीवित बचे रहने के लिए यह भी एक बहुत बड़ी सफलता मानी जा सकती है।

मैं गोडावण से मिलने को अधीर हो रहा था। मुझे इस बात का अहसास था कि वो चिड़िया मेरे आसपास ही है। मैं आसपास की हर एक आवाज़ को ग़ौर से सुनने की कोशिश कर रहा था कि हो सकता है कोई अनजानी आवाज़ जो मेरे कानों के पास से गुज़र रही हो, वह उसी की हो। नाश्ते के बाद हम तैयार हो गये।

अब तक मेरे मेज़बान ने मुझे गोडावण के प्रजनन और उनके पोषण से जुड़ी बातें लगभग बता दी थीं। खाने के मामले में यह पक्षी बहुत ही ज़्यादा लचीला होता है। इसकी आहार सूची में मांसाहार और शाकाहार दोनों ही

शामिल है। इसलिए इनके पोषण का यह एक बेहद ज़रूरी हिस्सा है। उन्होंने मुझे सबसे पहले वो जगहें दिखाईं जहाँ पर गोडावण के लिए लाइव फीड यानी ज़िन्दा भोजन तैयार किया जाता है। यहाँ पर कुछ अलग-अलग बक्सों में मील वर्म एक प्रकार के इल्ली जैसे कीड़े को तैयार किया जाता है। गोडावण जब छोटे होते हैं तब उन्हें यह खिलाया जाता है। फिर कुछ दूसरे बक्सों में झिंगुरों की फ़सल तैयार की जा रही थी। यहाँ पर अलग-अलग अवस्था के झिंगुर मौजूद थे। इन झिंगुरों की फ़सल को तैयार करना भी एक बेहद बारीकी का काम है। ज़रा-सी गड़बड़ से यह बिगड़ सकता है। एक कटोरी में झिंगुरों के पीने के लिए पानी भी रखा हुआ था। लेकिन, कटोरी में सीधे पानी रखने से झिंगुर उसमें डूबकर मर भी सकते हैं। इसलिए उस कटोरी में छोटे-छोटे कंकड़ डाल दिये जाते हैं जिससे नमी बनी रहती है और झिंगुर बिना अपनी जान को ख़तरे में डाले प्यास को बुझा सकते हैं।

कुछ अलग-अलग बाक्स में छोटी-छोटी चुहियों का पालन भी किया जाता है। गोडावण जब थोड़ा बड़े हो जाते हैं तो उन्हें ज़्यादा पौष्टिक भोजन चाहिए होता है। ऐसे में उन्हें नियमित अन्तराल पर चुहियों का भोजन भी कराया जाता है। इस दौरान जो चुहिया खाने से बची रह जाती हैं और बड़ी हो जाती हैं, बाद में उनसे प्रजनन कराकर अन्य चुहियों को पैदा कराने का काम किया जाता है। इस तरह से यह सिलसिला चलता रहता है।

ज़िन्दा भोजन या लाइव फीड तैयार करने के इस काम ने मुझे सचमुच हैरत में डाल दिया। किसी भी प्रजाति के जीवन को विलुप्त होने से बचाना कोई हंसी खेल नहीं है। यह कोई फ़ैशन नहीं है। यह सचमुच बहुत ज़्यादा समर्पण और विशेषज्ञता की माँग करता है। पूरी धरती पर जिस पक्षी की संख्या 150 से भी कम रह गयी हो, उसके एक-एक सदस्य को बचाना, उसे पौष्टिक भोजन देना और उसे बड़ा करना। एक बहुत ही ज़िम्मेदारी का काम है। इसमें ज़रा-सी चूक हुई नहीं कि किसी सदस्य को नुक़सान पहुँच सकता है और यह नुक़सान उस पूरी प्रजाति के बचे रहने की सम्भावनाओं के लिए एक बड़ा धक्का साबित हो सकता है।

यहाँ के बाद हम एक दूसरे इंक्लोजर की तरफ़ बढ़े। जो क़रीब सात-आठ सौ मीटर की दूरी पर था। पहले एक बड़ी बाड़बन्दी थी। उसके अन्दर

हल्के झीने पर्दे से ढकी हुई जगहें बनायी गयी थीं। यहाँ से मुझे गोडावण की पहली झलक दिखाई पड़ी। रोमांच से मेरे रोंगटे खड़े होने लगे। अब वह क्षण आ चुका था, जब मुझे इस पक्षी का दीदार होने वाला था। इसके लिए मैंने कई सालों तक इन्तज़ार किया। कई सौ किलोमीटर की थका देने वाली यात्रा की। अब ये यहाँ मेरे सामने आने वाला था।

बड़ी वाली बाड़ेबन्दी में लगे ताले को खोलने में कुछ समय लगा। लेकिन इतनी देर में भी मुझे बेचैनी सी होती रही। फिर हम अन्दर गये। दूर से ही मुझे गोडावण के उन भूरे-सुनहरे पंखों का अहसास होने लगा था। उसकी वो लम्बी सुराहीदार गर्दन भी दिख रही थी। हम दबे पाँव चलते हुए उसके बाड़े के पास पहुँचे। लेकिन, मेरा आभास पाकर पक्षी थोड़ा बिदक गया। मैंने केमोफ्लॉज ट्राउजर के साथ एक टीशर्ट पहन रखी थी, जिसमें लाल, सफ़ेद, बैंगनी, नारंगी रंग मौजूद थे। शायद इतने ढेर सारे रंगों और एक अजनबी को देखकर पक्षी की सहज वृत्ति जाग गयी। थोड़ी देर के लिए मैं पीछे हो गया। फिर दबे पाँव चलता हुआ बाड़े के पास आ गया। जालीदार बाड़े के अन्दर वह मौजूद था। नीचे की फ़र्श रेतीली थी। पक्षी के साथ उसके पालक मौजूद थे। वे उसके साथ रहते हैं। उसके साथ खेलते या उसे कसरत कराते हैं। उसे भोजन देते हैं। पक्षी उनके साथ रहने का अभ्यस्त होता है।

इस बार जब मैं बाड़े के पास पहुँचा तो गोडावण बाड़े के एकदम पास आकर अपनी चकर-मकर आँखों से मुझे देखने लगा। यह सचमुच एक बड़ा पक्षी था। लम्बी मज़बूत टाँगें। पूरा शरीर सुडौल। पेट और गर्दन पर सफ़ेद पर। गले में काले रंग के परों का एक कण्ठा। शरीर की तुलना में पूँछ छोटी। गर्दन लम्बी और सुडौल। जब वह चलता है तो सचमुच उसकी चितवन देखते ही बनती है। सिर पर काले पंखों का एक छोटा-सा मुकुट। या उसे टोपी भी कह सकते हैं। उस टोपी में से कुछ बाल चोटी की तरह पीछे की तरफ़ निकले हुए। अपने पालक के साथ मौजूद यह पक्षी अपनी ख़ुशी भी प्रदर्शित कर रहा था। बीच-बीच में वह अपने गर्दन के बाल फुला लेता और अलग-अलग क़िस्म की छोटी कलाबाज़ियाँ कर दिखाता। पालक ने बताया कि इसके ज़रिये वह पक्षी अपनी उत्तेज़ना को ज़ाहिर कर रहा है। यह भय में आने वाली उत्तेजना नहीं है। बल्कि, वह सहज हो गया है। मैं कुछ देर तक मन्त्रमुग्ध होकर उसे

देखता रहा। अपने मोबाइल से मैंने कुछ फ़ोटोग्राफ भी उसके लिए। हालाँकि बीच में मौजूद जाली के चलते फ़ोटोग्राफ ज़्यादा अच्छे आने की उम्मीद कम थी। इसलिए मैंने बहुत ज़्यादा कोशिश भी नहीं की। बस मैं उसे अपनी आँखों में ज़्यादा बैठाने की कोशिश में था।

ख़ूब भर नज़र मैंने उसे देखा। गहरी लम्बी साँसें लेता रहा। यहाँ पर वह बन्दी अवस्था में था। पाल्य अवस्था में था। शायद उसके प्राकृतिक आवास में बहुत दूर से मुझे उसकी एक झलक मिलती और वह गायब हो जाता। या फिर उसकी झलक भी नहीं मिलती। लेकिन यहाँ पर वह मेरे सामने मौजूद था और मैं उसे भर नज़र देख सकता था। हालाँकि, वह बन्दी था। लेकिन इस प्रजाति के भविष्य के लिए फ़िलहाल यह भी बेहद ज़रूरी है। वह अपनी सन्ततियों को आगे बढ़ायेगा। उससे आने वाली सन्ततियाँ पैदा होंगी। एक समय ऐसा आयेगा कि इतने पर्याप्त पक्षी होंगे जब उन्हें फिर से प्राकृतिक आवास में छोड़ा जा सके। नैतिकता के सवालों को छोड़ दिया जाये तो हाउबारा बस्टर्ड की प्रजाति को बचाने के लिए इस तरह के विज्ञान और तकनीक को खोजा जा चुका है। इससे बस्टर्ड की अन्य प्रजातियों को बचाने में भी मदद मिली है। यह विशेषज्ञता भारत में गोडावण और खरमोर के अस्तित्व को बचाने में भी काम आ रही है।

कुछ देर वहाँ पर बिताने के बाद हम लोग बाहर निकले। इंक्लोजर के बाहर का नज़ारा मुझे किसी अफ्रीकी सवाना जैसा लगा। मानसून के समय में उगने वाली टखने से ऊपर तक की घासें अब सूखकर पीली पड़ चुकी थीं। दूर-दूर तक वे फैली हुई थीं। बीच-बीच में इक्का-दुक्का खेजड़ी, बेर, मिसवॉक और सफ़ेद बबूल के पेड़ खड़े थे। यहाँ से निकलकर हम एक दूसरे बाड़े में पहुँचे। यहाँ पर गोडावण को खिलाई जाने वाली शाकाहारी चीज़ें तैयार की जा रही थीं। इसमें अनार के पेड़ से लेकर अल्फाल्फा घास तक शामिल है। इन सभी चीज़ों को गोडावण को खिलाया जाता है। केन्द्र में मौजूद सभी गोडावण पक्षियों को अलग-अलग टैग या नाम या पहचान दी गयी है। ताकि यह ध्यान रखा जा सके कि किस पक्षी को कितना पौष्टिक भोजन कराया जा चुका है। ताकि सभी को सन्तुलित भोजन मिल सके। उनके स्वास्थ्य पर निगाह रखने में भी इससे आसानी होती है।

सच कहूँ तो मेरी यात्रा का एक चरण यहाँ पर पूरा हो चुका था।

रामदेवरा के इस केन्द्र में मैं फिर ज़्यादा देर नहीं रहा। गोडावण के दर्शन कर बाहर निकला तो पहली बार मुझे अलग तरह के घास के मैदान के दर्शन हुए। मानसून के सीजन में उगी हुई घास टखने से थोड़ा ज़्यादा ऊँचाई तक की हो चुकी थी। कभी हरी-भरी रहने वाली घास का रंग अब सफ़ेदीपन लिए हुए पीला था। बीच-बीच में खेजड़ी, मिसवाक, बेर या सफ़ेद बबूल के पेड़ भी दिख रहे थे। ऐसा लगता कि जैसे अफ़्रीका के घसियाले मैदानों के बीच मैं गर्मी के मौसम में पहुँच गया हूँ।

रामदेवरा केन्द्र में कुछ समय और बिताकर और जैसलमेर के आगे सम गाँव में बने दूसरे केन्द्र में जाने आदि का वायदा लेकर मैं वहाँ से चला आया। मुश्किल से साढ़े ग्यारह बजे होंगे जब मैं दोबारा रामदेवरा के रेलवे स्टेशन के सामने खड़ा था। उनकी गाड़ी मुझे यहाँ पर छोड़ गयी थी। यहाँ पर आने के साथ ही मैंने ऑटो वाले को फ़ोन किया। उधर की तरफ़ से ऐसी आवाज़ आयी जैसे कि उसे मेरे आने की उम्मीद नहीं रही हो। उसने पूछा कि आप कहाँ पर हैं। मैंने कहा कि रेलवे स्टेशन के बाहर ही खड़ा हूँ। वहीं पर जहाँ सुबह मिले थे। उसने कहा कि आप रुकिए मैं आ रहा हूँ। छोटे शहर का यह भी एक फ़ायदा है। मुश्किल से सात-आठ मिनट में वह मेरे सामने आ गया। उसने एक परिवार की सवारी बैठा रखी थी। लेकिन उसके बग़ल की एक सीट ख़ाली थी। थोड़ा खिसकते हुए उसने मुझे बैठ जाने का इशारा किया। पहले तो मैंने ऑटो में बैठे परिवार को थोड़ा हैरानी से देखा। फिर यह सोचता हुआ कि इससे ख़र्चा ही कम होगा, बैठ गया।

रामदेवरा में बाबा रामदेव के जीवन से जुड़े हुए कई अलग-अलग तीर्थ स्थल हैं। बाबा रामदेव पर श्रद्धा रखने वाले लोग मुख्य मन्दिर के दर्शन करने के साथ ही इन तीर्थ-स्थलों का भ्रमण करते हैं और दर्शन-पूजन करते हैं। सच कहूँ तो मेरी दिलचस्पी इसमें ज़्यादा नहीं थी। लेकिन यहाँ पर जब आये थे तो मुझे लगा कि एक बार देख लेना चाहिए। ख़ासतौर पर इंटरनेट पर मैंने एक सरोवर की फ़ोटो देखी थी। मुझे यह काफ़ी ख़ूबसूरत लगा था। उसे देखने की इच्छा थी। फिर मैं चाहूँ या न चाहूँ उस पूरे परिवार को तो यह देखना ही था।

यह बात ऑटो वाले ने मुझे बताई नहीं कि तब तक वह उन लोगों को दो-तीन जगहें दिखा चुका था। मैं उसके साथ सबसे पहले रूणीचा कुआँ गया। फिर राम सरोवर। यहाँ जाकर मैं एक बार फिर से हैरत में पड़ गया। मन्दिर के परिसर में कई छोटे-छोटे मन्दिर थे। जबकि, उनके बीच में कुछ पेड़ भी लगे हुए थे।

मन्दिर परिसर में ही लाउडस्पीकर पर ज़ोरदार आवाज़ में गाना बज रहा था। जग घूमेयाँ, थारे जैसा न कोई। बहुत ही कम उपकरणों के तालमेल से बनाये गये इस संगीत में आवाज़ किसी लोक गायक की लग रही थी। मैंने तो यह गाना सलमान और अनुष्का की पिक्चर में ही सुना था। जो कि प्रेमी अपनी प्रेमिका के लिए गाता है। लेकिन यहाँ पर उसका मतलब ही बदल गया था। भक्त अपने भगवान के लिए यही बात कह रहा था। ख़ास बात यह रही कि मैंने देखा कि इस गाने की धुन पर कुछ महिलाएँ नीम के पेड़ को पकड़कर और उसके चारों ओर घेरा काटकर झूम भी रही हैं। मेरे साथ वाले परिवार की महिलाएँ भी गाने की धुन पर कुछ ऐसे ही झूमती रहीं। इस गाने के तमाम नये अर्थ मेरे सामने खुल गये। अब मुझे यह तो पता नहीं कि पहले यह लोकगायन में था और फ़िल्म वालों ने इसे वहाँ से उठाया है या गाना फ़िल्म वालों ने बनाया और लोकगायक ने इसे वहाँ से उठाया है।

ख़ैर, यहाँ से एक दो और जगहें देखकर हम लौटने लगे। पता नहीं कैसे, कोटा के उस परिवार ने मुझे फ़ौजी समझ लिया था। शायद मेरी केमोफ्लॉज पैंट से। धार्मिक स्थलों पर भी पर्याप्त श्रद्धा ज़ाहिर नहीं करने से वे आपस में मेरे बारे में बातें करते हैं या मैं कहीं रह भी गया होता तो ऑटो वाले से पूछते कि फ़ौजी कहाँ रह गया।

ऑटो वाले ने पहले तो उस परिवार को रामदेवरा रेलवे स्टेशन पर छोड़ा। फिर मुझे बोला कि मैं आपको पोखरण की बस पकड़ा देता हूँ। मैंने पता किया था, रामदेवरा से कोई ट्रेन जैसलमेर की तरफ़ तीन-चार घण्टे बाद ही जाने वाली थी। बस में भी शायद समय लगता तो मैंने हामी भर दी। वह मुझे लेकर हाईवे की तरफ़ बढ़ा। इस रास्ते के किनारे-किनारे मिसवॉक के तमाम पेड़ मुझे दिख रहे थे, जिनमें झँडियां फँसी हुई थीं। जगह-जगह अभी-अभी बीते यहाँ लगने वाले मेले के निशान दिख रहे थे।

रास्ते के एक तरफ़ लम्बी दूरी तक मुझे चप्पलें और जूते छूटे हुए दिखाई पड़े। यह मुझे काफ़ी असामान्य बात लगी। एक-दो चप्पल-जूते सड़क के किनारे पड़े रहें तो हैरत नहीं। लेकिन, इतनी बड़ी संख्या में और इतनी दूरी तक। ऐसा क्यों। मैंने ऑटो वाले को बताया। तो वो बोला कि दर्शन के लिए आने वाले बहुत सारे लोग पैदल यात्रा करते हैं। इस दौरान वे अपने जूते भी निकाल देते हैं और नंगे पाँव ही बाबा के मन्दिर तक जाते हैं। उसी के चलते रास्ते के किनारे यह जूते-चप्पलों का ढेर लगा रहता है।

कोई एक बजे के लगभग ऑटो वाले ने मुझे पोखरण पहुँचा दिया। रामदेवरा एक गाँव जैसा था। लेकिन, पोखरण उससे बड़ा एक क़स्बे जैसा लगा। लेकिन इससे पहले कि मैं उसे कुछ ठीक से देख पाता, सामने जैसलमेर की बस लगी हुई थी। मैं भागकर बस में चढ़ गया। पीछे की तरफ़ मुझे सीट भी मिल गयी।

अभी तक का दिन बहुत सन्तोष भरा था। मैं बस की सीट पर आराम से पसर गया। बीच के कॉरीडोर के बाद वाली सीट पर एक बुज़ुर्ग बैठे हुए थे। वे पोखरण के बग़ल में किसी गाँव में रहते थे। किसी काम से क़स्बे में आये थे और गाँव की तरफ़ लौट रहे थे। उनकी दिलचस्पी बस में बैठे हर बाहरी यात्री में थी। स्थानीय लोगों से बात करने में उन्होंने ख़ास रुचि नहीं दिखाई। मुझसे मेरे बारे में पूछा। मैं कहाँ से आ रहा हूँ। क्या करता हूँ। फिर मेरी पीछे वाली सीट पर बैठे दो लोगों से बात करने लगे।

इनमें से एक तो चुप्पा था। कम बोलने वाला और दूसरों की बात पर ज़्यादा ध्यान नहीं देने वाला। लेकिन, दूसरा मेरठ का रहने वाला था। दोनों किसी सशस्त्र बल में थे और छुट्टियाँ काटकर लौट रहे थे। उन बुज़ुर्ग सज्जन ने उनसे कुछ बातचीत छेड़ दी। शुरुआत आर्मी वालों को वन रैंक वन पेंशन के मुद्दे से शुरू हुई। फिर, आर्मी वाले और सशस्त्र बलों की स्थिति पर पहुँची। अग्निवीर योजना पर पहुँची और राजस्थान और उत्तर प्रदेश की स्थिति पर पहुँच गयी। बुज़ुर्ग सज्जन हर बात में केन्द्र की सरकार की नीतियों के आलोचक थे। जबकि सशस्त्र बल का वो जवान हर मुद्दे पर समर्थक था और बहुत ही बलपूर्वक अपनी बात रखता था। अपनी बात साबित करने के तर्क और तथ्य भले उसके पास नहीं थे लेकिन उसे उन पर विश्वास बहुत था।

अपने विश्वास के ज़ोर से वह बुज़ुर्ग के तर्कों को काटने की कोशिश करता। मेरे पीछे हो रही इस चर्चा को मैं कान लगाकर सुनता रहा। कई बार मेरा भी मन इसमें हस्तक्षेप करने का हुआ, कुछ नये तथ्यों को जोड़ने का हुआ। लेकिन अब मैं जानता हूँ कि बस या रेल में किसी अजनबी से बहस करने के परिणाम बहुत घातक हो चुके हैं। ख़ासतौर पर उससे तो कभी भी बहस नहीं करो जिसे हथियारों की ट्रेनिंग मिली हो, जिसके पास हथियार होने की सम्भावना हो। बुज़ुर्ग सज्जन बहस करना अफोर्ड कर सकते थे। क्योंकि वे स्थानीय थे, आर्मी से रिटायर्ड थे, उनके दो बेटे आर्मी में नौकरी कर रहे थे। मैं नहीं।

ख़ैर, बुज़ुर्ग सज्जन को कुछ ही दूर आगे रुकना था। तो वे उतर गये। इस बीच उन्होंने मुझे चलती बस से ही वह हिस्सा दिखाने की कोशिश की जहाँ पर पोखरण परमाणु परीक्षण के बाद बाड़ेबन्दी कर दी गयी है और उसके आगे जाने का अधिकार किसी को नहीं है। हालाँकि, दूर-दूर तक फैले मरुस्थल, मध्यम आकार के पेड़ और झाड़ियों के बीच उस जगह को देख पाना मुश्किल था। लेकिन, उन्होंने मुझे फ़ौजियों के कुछ वॉच टावर दिखाने का प्रयास किया। बोला कि उसके आगे ही दूर कहीं जाकर परमाणु परीक्षण किया गया था। मैं कुछ समझता और कुछ नहीं समझता हुआ बस हामी भरता रहा।

यहाँ पर मुझे बड़ी तादाद में मैक्सिकन कीकर या विलायती कीकर भी दिखाई पड़े। आक्रामक प्रजाति का यह पौधा आज देश के काफ़ी बड़े हिस्से में दिखने लगा है। दिल्ली में तो इस आक्रामक प्रजाति के पौधे को हटाने की बात लम्बे समय से कही जाती रही है और इस पर मामूली तौर पर कुछ अमल भी हुआ है। या कहा जा सकता है कि इसको हटाने के तरीक़ों की खोज की जा रही है। लेकिन यहाँ वे दूर-दूर तक फैले हुए दिखते हैं। ऐसा कैसे। क्योंकि, इन पेड़ों को पानी के मामले में बेहद ख़राब बजट वाला कहा जाता है। इनके पत्ते आदि को पशु भी नहीं खाते। ऐसे में इनकी उपयोगिता कम हो जाती है। अपने आसपास किसी अन्य पौधे को उगने नहीं देते और ख़ुद बेहद तेज़ी से बढ़ते हैं। इसलिए भी अन्य स्थानीय वनस्पतियों को इनसे ख़तरा होता है। इसलिए इन आक्रामक प्रजातियों की रोकथाम पर काम किया जा रहा है। लेकिन, बुज़ुर्ग सज्जन ने बताया कि इन पेड़ों की वजह से रेतीली धूल ज़्यादा तेज़ गति से आगे नहीं बढ़ती है। इससे रेगिस्तान को फैलने से रोकने में मदद मिलती है।

उन्होंने मुझे यही बताया। अब इसके पीछे कोई विज्ञान है या नहीं, इस विषय में मैं कुछ ख़ास नहीं कह सकता।

ख़ैर, तीन बजे तक मैं जैसलमेर पहुँच गया। जब मैं बस से उतरा तो सामने ही ऊँचाई पर जैसलमेर का क़िला दिख रहा था। मुझे किसी परिचित ने बताया था कि क़िले और क़िले के आसपास रहने के सस्ते और महँगे दोनों ही तरह के होटल मिल सकते हैं। तो मैं बिना किसी से कुछ पूछे-आँछे सीधे ही क़िले की दिशा में चल पड़ा।

ऊँचाई पर बने इस क़िले की उँचान जहाँ से शुरू होती है, वहीं से ढेरों होटलों की शुरुआत हो जाती है। कोई महल है तो कोई कोठी तो कोई हवेली। सब में कमरे उपलब्ध हैं। बाहर से इनकी बनावट तो काफ़ी कुछ विरासती है। बाद में मैंने कुछ जगहों पर ध्यान दिया कि हवेलियों को बनाया तो उसी पैटर्न पर जाता है, जिस पैटर्न पर दिल्ली या अन्य जगहों पर। जैसे पहले आरसीसी के पिलर और छतें ढाल दी जाती हैं। फिर उसे बाद में ऐसा लुक दे दिया जाता है जो राजस्थान के क़िलों और हवेलियों की पहचान होती हैं। वैसी ही मेहराबें और खिड़कियों की चिलमनें। ख़ैर, सीमित अनुभव के आधार पर आख़िर ये बात मैं बहुत निश्चित होकर कहूँ भी तो कैसे।

थोड़ी-बहुत देखभाल के बाद मुझे एक हवेली में कमरा मिल गया। यहाँ पर मुझे दो-तीन रातें रुकना था। इसलिए कमरा थोड़ा बेहतर लेने पर ज़ोर था। कमरा फाइनल होते ही सबसे पहले तो एडवांस दिया और होटल के कर्मचारी को चलता कर दिया। जूते खोले और सामान पिट्ठू एक तरफ़ डालकर चुपचाप बिस्तर पर ढह गया। यह एक बहुत ही लम्बा दिन था। अभी साढ़े तीन के लगभग बजे थे। ऐसा लग रहा था कि जैसे दिन बहुत लम्बे हो गये हैं। पन्द्रह-बीस मिनट तक मैं ऐसे ही बिस्तर पर आँखें बन्द करके पड़ा रहा। बस इतने में ही थकान उतर गयी और मैं नहाकर क़िला देखने के लिए निकल पड़ा।

जिस हवेली में मैं रुका था, उससे पतली-सँकरी गलियाँ निकलकर क़िले की तरफ़ जाती थीं। पूरे समय मुझे क़िले के परकोटे दिखते रहे और किस दिशा में मुझे जाना है, इसका मार्गदर्शन करते रहे। क़िले की लम्बाई-चौड़ाई मुझे बहुत ज़्यादा लगी। मुझे कुछ भी आइडिया नहीं था। क़िले के बाहर से ही

एक स्कूटी किराये पर ले ली और क़िले की तरफ़ बढ़ गया। सचमुच यह एक विशालकाय क़िला है।

यह मेरे देखे में सबसे अनोखा क़िला था। मैंने अभी तक जितने भी क़िले देखे हैं, उनमें से ज़्यादातर में मुझे संग्रहालय मिला है। या फिर उन्हें किसी बड़े होटल वाले को किराये पर दिया हुआ है। कुछ हिस्सों में राजपरिवार के लोग रहते भी हैं। लेकिन जैसलमेर का क़िला पूरा एक जीता-जागता क़िला है। यहाँ पर दो-ढाई सौ परिवार रहते हैं। उन्होंने टूरिस्टों के लिए तमाम दुकानें खोल रखी हैं। रेस्टोरेंट हैं, होटल हैं। रेस्तराओं की सेटिंग इस तरह की है कि छत पर रात में महफिल सजाई जा सके। बाक़ी, सजावटी कपड़ों, सजावटी सामानों की ढेर सारी दुकानें हैं। पतली-पतली गलियाँ। क़िले के परकोटे पर खड़े होकर फ़ोटो खिंचाने वालों की भीड़ लगी है। मैं भी वहाँ पर घूमने आये दो युवकों से अपने मोबाइल से कुछ फ़ोटो क्लिक करने की गुज़ारिश करता हूँ। मेरे पीछे पूरा जैसलमेर शहर बिखरा पड़ा है। मैं ऊपर क़िले के परकोटे पर खड़ा हूँ। पूरे शहर का रंग पीला है। जैसे चटक हल्दी के रंगों में हल्का-सा मैदा मिला दिया गया हो। जिससे पीलेपन की चमक कुछ फीकी पड़ गयी हो।

परकोटे के एक कोने पर शायद पीतल से ढली हुई तोप की एक नली रखी हुई है। एक कोने में एक अ।दमी ज़मीन पर ही अपने हार्मोनियम के साथ बैठा हुआ है। उसकी वही खरखरी-सी आवाज़ है। उसी में उसका लहरदार गाना गूँजता हुआ दिखता है, केसरिया बालमा। आओ-आओ, पधारो म्हारे देश। उसका गाना सुनने, उसके साथ सेल्फी खिंचाने और अपने दोस्तों-मित्रों को लाइव दिखाने का युवाओं में ज़ोर है। गायक के हार्मोनियम के पास उसकी कमाई के नोट पड़े हैं। लोगों की भीड़ देखकर उसकी आवाज़ और ऊँची हो जाती है। क़िले का परकोटा, नीचे पूरा बिखरा हुआ जैसलमेर शहर, परकोटे पर रखी हुई पीतल से ढली तोप की नली और उस पर वह गूँजती हुई आवाज़, सब कुछ जैसे किसी जादू के ज़ोर से बँधा हुआ था।

स्कूटी से क़िले का कोना-कोना छानते हुए फिर मैं वापस लौटा। यहाँ पर स्कूटी वापस की और उससे अगले दिन सम गाँव के लिए मोटर साइक़िल किराये पर लेने की मोलभाव करने लगा। सुबह नौ बजे उससे बाइक लेने की बात तय हुई।

अगले दिन सुबह उठकर मैं यूँ ही हवेली से काफ़ी दूर तक घूमने चला गया। इस दौरान मैंने नाश्ता वग़ैरह किया और अपने कमरे में आकर नहाने के बाद मैं सम गाँव के लिए तैयार हो गया। बाइक लेकर मैंने सोचा कि जैसलमेर की कुछ और जगहों का चक्कर मार लिया जाये। तो सबसे पहले में गढ़ीसर लेक पहुँचा। यह एक बड़ी झील है, जिसके किनारे चबूतरे बने हुए हैं। विरासती छवि वाली छतरियाँ बनी हुई हैं। शाम के समय बोटिंग होती है। पानी इतना साफ़ है कि ढेरों मछलियाँ साफ़ तैरती हुई दिखती हैं। किसी जोड़े का प्री वेडिंग शूट चल रहा था।

मैं हमेशा सोचता हूँ कि हमारे समाज में सचमुच में प्यार कितनी दुर्लभ चीज़ है। क्या हम प्यार के नाम पर प्यार का सिर्फ़ अभिनय करते हैं। दिखावा करते हैं या सचमुच वह कहीं पर एक्जिस्ट भी करता है। भावी वर और वधु एक से एक मुद्राओं में फ़ोटो खिंचा रहे थे। एक पूरी टीम थी, जो दूर से उनके ऊपर रोशनी भी डाल रही थी, फ़ोटोग्राफर उन्हें मुद्राएँ बता रहे थे, मेकअप आर्टिस्ट थे जो उनके मेकअप और कपड़ों को लेकर सजग थे। भावी वर और वधू का एक-एक दोस्त या कजिन भी था। जिसके चलते दोनों का थोड़ा आत्मविश्वास बना हुआ था। घर वाले मोलभाव कर चुके थे। अब उन्हें शादी करनी थी। उन्हें एक-दूसरे को प्यारी चितवनें और मुस्कानें देनी थी। फिर प्यार के दिखावे का यह गठबन्धन न जाने कितने सालों तक चलता रहेगा। कुल मिलाकर यह किसी छोटी-मोटी फ़िल्म की शूटिंग जैसा था। इसे देखना मनोरंजक और रोचक था।

यहाँ पर एक विशालकाय मिसवॉक के पेड़ के नीचे एक बुज़ुर्ग हार्मोनियम लेकर बैठे थे। यहाँ पर भी संगीत की चढ़ती-उतरती धुनों के साथ ही केसरिया बालम को अपने देश में पधारने के लिए आमन्त्रित किया जा रहा था। वहाँ पर घूमने वालों में विदेशी पर्यटकों की संख्या भी काफ़ी थी। उन्हें भी प्री वेडिंग शूट में काफ़ी मनोरंजन हासिल हुआ। फिर वे बुज़ुर्ग का गाना सुनने बैठ गये। उस कलाकार को लोगों से संवाद बनाना आता था। पर्यटकों के समूह में दो महिलाओं को गाने में कुछ ज़्यादा ही दिलचस्पी थी। कलाकार ने उनसे उनका नाम पूछा। एक ने अपना नाम रोमिला और दूसरे ख़ास्मोलीरा जैसा कुछ नाम बताया। बुज़ुर्ग ने गाने की धुन बदल दी और होलिया में उड़े रे गुलाल गाने

लगे। इस गाने में उन्होंने रोमीला और ख़ास्मोलीरा नाम को कुछ इस तरह से फिट कर दिया कि दोनों महिलाएँ और भी ज़्यादा ख़ुश हो गयीं। आप जानते ही हैं कि तारीफ़ से किसी का भी दिल जीता जा सकता है। उन्होंने कलाकार को अच्छी फ़ीस दी और उनके साथ सेल्फी भी ली। माहौल रमणीक था। मेरा भी मन उनके साथ सेल्फी का था। लेकिन, फिर मैंने इसे टाल दिया। भाई, तू यहाँ सैलानी होकर नहीं आया है। तू शोधार्थी है।

तो बस मेरा समय हो गया था। मैंने बाइक उठायी और सम गाँव की ओर चल पड़ा। यह जैसलमेर से लगभग चालीस किलोमीटर दूर है।

यह कोई दस-साढ़े दस का वक़्त रहा होगा। मैंने जैसलमेर से सम गाँव के लिए यात्रा शुरू की। मुझे कोई जल्दी नहीं थी। बल्कि आराम से बाइक चलाते हुए जाना था। रास्ते का नज़ारा देखते हुए। अक्तूबर की शुरुआत हो चुकी थी। लेकिन आसमान में ख़ासा तेज़ और चमकदार सूरज चमक रहा होगा। उसकी रोशनी से ही उसके जलाल का अहसास हो रहा था। धीरे-धीरे घर-मकान-दुकान सब पीछे छूट गये। पीतवर्णी जैसलमेर शहर पीछे छूट गया।

उसके बाद जिस दुनिया में मेरा प्रवेश हुआ, वह एक अलग ही दुनिया थी। इसकी तस्वीरे तो मैं बरसों से देखता रहा था लेकिन यह दुनिया मेरे सामने इस तरह से ज़ाहिर नहीं हुई थी। दूर-दूर तक मरुभूमि का अहसास था। रास्ते में कुछ जगहें कंकरीली-पथरीली थी। कुछ जगहें ढीली मिट्टी वाली। कुछ जगहें काफ़ी रेतीली। सेवण घासों के छोटे-छोटे समूह बीच-बीच में उगे हुए। बीच-बीच में कोई पेड़ भी दिख जाता। यहाँ पर पहली बार मैंने उन विशालकाय दैत्यों को देखा, जिनकी तस्वीरें भी मुझे हैरान करती रही हैं। जी हाँ, जैसलमेर नगर पालिका की सीमा समाप्त होने के बाद पाँच-दस किलोमीटर दूरी से थोड़ी-ऊँची नीची ज़मीन शुरू हो जाती है। इसमें दूर-दूर तक मुझे विशालकाय पवनचक्कियों की क़तारें लगी हुईं दिखाई पड़ती हैं। वे सचमुच काफ़ी विशालकाय हैं। उनके विशालकाय पंख इस समय शान्त पड़े हुए थे। या फिर बहुत ही धीमे-धीमे अलसाए हुए से घूम रहे थे। इन विशालकाय पवनचक्कियों से ग्रीन ऊर्जा पैदा की जा रही थी, जिसे बिजली की मोटी-मोटी हाईटेंशन लाइनों के ज़रिये दूसरी जगहों पर पहुँचाया जा रहा था। हमारे शहरों में। जहाँ इस ऊर्जा की सबसे ज़्यादा ज़रूरत थी। वे शहर इस

ऊर्जा के भूखे थे। उनकी भूख मिटानी ज़रूरी थी। इसके बिना वे मर सकते थे।

यहाँ पर पहली बार मैंने उन बड़े-बड़े बर्ड डायवर्टर को भी देखा, जिन्हें इन बिजली की हाईटेंशन लाइनों पर लगाया हुआ था। क्योंकि, यह विशालकाय पवनचक्कियाँ और हाईटेंशन लाइन सोन चिरैया की मौत के आधुनिक कारणों में सबसे ज़्यादा घातक साबित हो रहे हैं। दरअसल, सोन चिरैया सामने की तरफ़ बहुत ज़्यादा साफ़ और दूर तक नहीं देख पाती है। शरीर उसका बड़ा होता है। इसलिए उड़ान भरते समय अक्सर ही वो हाईटेंशन लाइन से टकरा जाती है। या टकरा जाने का ख़तरा रहता है। इस तरह से कई पक्षियों की मौत हो चुकी है। पक्षी को पहले ही उड़ान के समय अपने मार्ग के अवरोध का ज्ञान हो जाये, इसलिए इस तरह के बर्ड डायवर्टर लगाये जाते हैं। हालाँकि इनकी सफलता को लेकर भी अलग-अलग लोगों की राय अलग है।

हमारी सड़कें जानलेवा हैं। ख़ासतौर पर वन्यजीवों के लिए। और इनकी मौत की कोई गिनती भी नहीं होती है। अगर आप कहीं भी सड़क की थोड़ी लम्बी दूरी की यात्रा करें तो आपको सड़कों का शिकार होने वाले जीवों के क्षत-विक्षत शव मिल सकते हैं। इन्हें रोड किल कहा जाता है।

सम गाँव की तरफ़ जाते हुए मुझे इसका बेतरह अहसास हुआ। रास्ते में मैंने बीच सड़क एक छोटे जानवर का क्षत-विक्षत शव पड़ा हुआ देखा। मैं अपनी बाइक किनारे रोककर उसके पास गया। ओह, यह एक हेज होग था। एक काँटेदार चूहा। इसके शरीर पर भी साही की तरह ही काँटे निकले होते हैं। मैंने इसे हमेशा तस्वीरों में देखा था। लेकिन, अब जब देख भी रहा हूँ तो यहाँ पर उसका क्षत-विक्षत शव। पीठ वाली जगह पर जहाँ शरीर थोड़ा सलामत था, मैंने छूकर उसके शरीर के काँटों का अहसास किया। हाँ, ये छोटे-छोटे और मज़बूत काँटे जैसे हैं। इनकी वजह से इस चूहे का शिकार काफ़ी मुश्किल साबित होता होगा, इसके शिकारियों के लिए। मैंने पहली बार हेज होग के बारे में तब पढ़ा था, जब दिल्ली में कोई इसे चोरी-छिपे पालने के लिए ले आया था और उसके पास से इन जीवों को रेस्क्यू करा लिया गया था। एंथ्रोपोजेनिक कारणों से ही आज इन काँटेदार चूहों के जीवन पर भी संकट छाया हुआ है।

इसके कुछ ही आगे जाने पर ऐसे ही मुझे एक नेवले का शव भी मिला। यह भी सड़क पार करने की कोशिश में मारा गया था। उसके पर्यावास से

गुज़रती हुई यह चौड़ी काली सड़क उसके लिए मौत से कम नहीं होगी। हर बार जब वह इसे पार करता होगा, उसे मौत को चकमा देना पड़ता होगा। इस बार वह मौत को चकमा नहीं दे सका। मौत ने उसे चकमा दे दिया। इसके कुछ ही आगे मुझे एक स्पाइनी टेल लिजार्ड का भी आधा शव मिला। इस लिजार्ड का पूरा शरीर ग़ायब था, सिर्फ़ पूँछ और पिछले पैर का एक पंजा सलामत था। ज़रूर इसका किसी ने शिकार किया होगा और शरीर का पूरा हिस्सा खा लिया होगा। जो बचा हुआ हिस्सा वह छोड़ गया। शायद बाद में वो फिर खाने के लिए आये। उसकी पूँछ पर उभरे हुए काँटे भी साफ़ नज़र आ रहे थे। जिसके चलते ही इसे स्पाइनी टेल लिजार्ड कहा जाता है। इसके जीवन पर छाये संकटों के बारे में हम पहले ही बात कर चुके हैं।

बाइक चलाते हुए पूरे रास्ते मैंने जिन कुछ बातों पर ख़ास ग़ौर की थी, उसमें किनारे पड़ी हुई बोतलें भी शामिल हैं। जैसलमेर से पूरे सम गाँव तक सड़क के दोनों किनारों पर मुझे बीयर के केन और व्हिस्की आदि की बोतलें पड़ी हुई दिखाई पड़ीं। ठीक वैसे ही जैसे रामदेवरा में सड़क के किनारे जूते और चप्पलों के ढेर पड़े हुए थे। गाड़ियाँ तेज़-तेज़ भाग रही थीं। आवागमन के लिए अलग-अलग सड़क नहीं थी। दूर-दूर तक वीराना था। इसलिए इन भागती हुई सड़कों पर किसी बाइक वाले के लिए किनारे हो जाना ही सबसे सहज और सुरक्षित है। सम गाँव से कुछ पहले ही तमाम रिसार्ट शुरू हो जाते हैं। हमारा देश विडम्बनाओं और विरोधाभासों से भरा हुआ है। सैलानियों को आकर्षित करने के लिए लगाए हुए इनमें से कई बोर्ड में लिखा हुआ है, एसी टेंट। यानी उनके यहाँ जो टेंट लगाये गये हैं वे वातानुकूलित हैं। मुझे हँसी आती है। वे कौन लोग हैं, जिन्हें रेगिस्तान का अहसास भी लेना है और वातानुकूलित टेंट में भी रहना है।

तमाम जगहों पर लगे हुए बोर्ड गुजराती भाषा में भी लिखे हुए हैं। इससे गुजरात से आने वाले पर्यटकों की ख़ासी संख्या का भान होता है। गढ़ीसर लेक पर जो जोड़ा प्री वेडिंग फ़ोटो शूट में जुटा हुआ था, वह भी गुजराती था। गुजरात के निशान इस पूरी जगह पर बिखरे हुए थे। न जाने क्यों सड़क के किनारे पड़ी हुई उन ख़ाली बोतलों का सम्बन्ध मैं बार-बार गुजरात में लागू नशाबन्दी से जोड़ लेता हूँ। यह कारण हो सकता है और नहीं भी हो सकता है।

रिसार्ट वग़ैरह की बहुतायत के बाद मैंने रास्ते में पहली बार मरुस्थल की उस जगह का दीदार किया, जिसे हम आमतौर पर तस्वीरों में देखते हैं। यहाँ पर काफ़ी दूरी तक फैला हुआ एक रेतीला टीला है। यहाँ की उड़ती हुई रेत ऊँचाई-निचाई वाली एक अलग ही भूदृश्य तैयार करती है। इसी रेत पर हवाओं के चलने के निशान बन जाते हैं। पर्यटकों को ऊँटों की सैर कराई जाती है। लोग अपनी मुट्ठी में रेत को बन्द करने की कोशिशों के फ़ोटो खिंचाते हैं और व्लाग्स बनाते हैं। खैर, यह मेरी मंज़िल नहीं थी। मुझे आगे जाना था।

रिसार्ट वग़ैरह पीछे छूटने के बाद सम गाँव शुरू होता है। यहाँ पर चौराहे पर ही रास्ता पूछने और चाय पीने के लिए मैं रुका। चाय की दुकान पर जो लड़का बैठा था, जब मैंने उससे गोडावण पक्षी और उसके प्रजनन केन्द्र के बारे में पूछा तो उसने तुरन्त ही हामी भर ली। उसने बताया कि वह भी एक बार गोडावण के अण्डे खोजने वाली टीम में शामिल हो चुका है। उसने मुझे रास्ता बताया।

मैं उसी पर चल पड़ा। आगे जाकर वन विभाग का एक बैरियर मुझे दिखाई पड़ी। उसके कार्यालय जैसा भी अन्दर परिसर में था। मुझे वहाँ पर किसी के दर्शन नहीं हुए। सामने डिजर्ट नेशनल पार्क का बोर्ड लगा हुआ था। मैंने अपनी बाइक आगे बढ़ा दी। डिजर्ट नेशनल पार्क की सीमा शुरू हो चुकी थी। दूर-दूर तक मरुभूमि के वैसे ही नज़ारे थे जिनका ज़िक्र मैं पहले ही कर चुका हूँ। इस तरह से मैं क़रीब सात-आठ किलोमीटर दूर चला गया। मुझे लगा कि मैं आगे आ गया हूँ। मैं किसी से इस बारे में पूछना चाहता था, लेकिन वहाँ था कौन। दूर-दूर तक आदमी नहीं दिख रहा था। सड़क सीधी थी तो भटक जाने का डर नहीं था। पर मेरे पास लौटने के अलावा कोई विकल्प नहीं था। लौटकर मैं वहीं पर आया, जहाँ पर बैरियर लगा हुआ था। उसके बग़ल में बने हुए परिसर में मैं गया। वहाँ पर सुरक्षाकर्मी तो मौजूद था, लेकिन उसे गोडावण प्रजनन केन्द्र के बारे में जानकारी नहीं थी। यह वन विभाग की चौकी थी। उसने अन्दर मौजूद अपने किसी अधिकारी से इस बाबत पूछा। मैंने बताया कि प्रजनन केन्द्र में मेरी बात हो चुकी है। बस वो है कहाँ, मुझे यह बता दीजिए।

उसने कुछ ही दूरी पर मौजूद एक दीवारों से घिरे एक अलग परिसर की तरफ़ इशारा किया। उसने कहा कि जिनसे मिलने वाले हैं, उनको फ़ोन कर

उस परिसर का गेट खुलवा लीजिए। मैंने फ़ोन किया। इस दौरान वह इस बात की पूरी ताकीद करता रहा कि उधर से मुझे बुलाया जा रहा है या मैं अवांछित मेहमान हूँ। सामने से भी जवाब मिलने के बाद उसने मुझे गेट की तरफ़ इशारा कर दिया।

सम गाँव में स्थापित किया गया गोडावण प्रजनन का यह केन्द्र बेहद महत्त्वपूर्ण है। कृत्रिम प्रजनन के लिए सबसे पहले इसे ही स्थापित किया गया था। रामदेवरा वाला केन्द्र इसके बाद बना है, इसलिए वह काफ़ी बड़ा और ज़्यादा व्यवस्थित है। लेकिन सम गाँव के इस केन्द्र में अभी भी सबसे ज़्यादा महत्त्वपूर्ण काम किया जाता है।

वह है अण्डे को सेने और चूजों की शुरुआती देखभाल करने का काम।

किसी भी जीव के लिए उसके जीवन के शुरुआती कुछ मिनट, कुछ घण्टे और कुछ दिन सबसे ज़्यादा महत्त्वपूर्ण होते हैं। उसी पर उसकी आगे की ज़िन्दगी टिकी रहती है। उस समय मिलने वाली देखभाल उसे आगे की ज़िन्दगी के लिए तैयार करती है। गोडावण की ज़िन्दगी के लिए भी सम गाँव का यह प्रजनन केन्द्र बेहद महत्त्वपूर्ण होता है। अण्डे से बाहर निकलने के बाद सबसे पहले उनकी देखभाल यहीं पर की जाती है।

आप लोगों ने शायद चिड़िया के घोंसले की तस्वीरें देखी होंगी। कुछ वीडियो भी। जिसमें चिड़िया के बच्चे निरीह से बैठे होते हैं। बच्चों की आँखें भी बन्द और अविकसित होती हैं। शरीर पर पंख नहीं होते हैं। बस उनके शरीरों पर पतली सी त्वचा लिपटी हुई दिखती है। अपने माता-पिता के परों की आवाज़ सुनकर वे अपनी चोंच खोलकर चिल्ला-चिल्लाकर खाना माँगते लगते हैं। माता-पिता उन्हें खिलाने के लिए लगातार उड़ान भर कर घोंसले से बाहर जाते हैं और जो कुछ भी खाने को मिलता है, उसे लाकर उनकी खुली हुई भूखी चोंचों में डाल देते हैं। लेकिन, उनकी माँग कभी खत्म नहीं होती है। माता-पिता के लिए यह बेहद थकाने वाला काम होता है। और ऐसा उन्हें शुरुआती हफ़्ते-दस दिन तक लगातार करना होता है।

यूँ तो यह बात पक्षियों और स्तनपायी दोनों के लिए कही जाती है, लेकिन यहाँ पर हम पक्षियों पर केन्द्रित रहेंगे। पैदाइश के आधार पर पक्षियों को दो भागों में बाँटा जाता है। एक तरफ़ तो एल्ट्रीशियल पक्षी होते हैं। अण्डे

से निकलते वक़्त जिनके बच्चे अर्धविकसित होते हैं। आँखें विकसित नहीं होती हैं और शरीर पर पंख नहीं होते हैं। वे अपने जीवन के लिए पूरी तरह से माँ-बाप पर निर्भर होते हैं। माँ-बाप की देखभाल और पोषण से धीरे-धीरे उनके शरीर का विकास होता है। आँखें खुल जाती हैं और शरीर पर पंख आ जाते हैं। ऊपर चोंच खोलकर खाना माँगते जिन भूखे चूजों का ज़िक्र किया गया है, वे एल्ट्रीशियल पक्षी हैं।

लेकिन इसके अलावा पक्षियों का एक दूसरा भी प्रकार होता है। ये हैं प्रीकोशियल पक्षी। अण्डे से निकलते वक़्त भी इनके शरीर पर रोएँदार पंख होते हैं और ये काफ़ी हद तक विकसित होते हैं। कुछ ही देर में ये चलने-फिरने लगते हैं और खाना भी ढूँढ़ने लगते हैं। हमारी यह सोन चिरैया भी ऐसे ही पक्षियों में शामिल है। यह प्रीकोशियल है। ज़ाहिर है कि जो पक्षी ज़मीन पर ही बिना घोंसला बनाये अण्डा देते हों, अगर उसके बच्चे अर्ध विकसित हों और हर समय खाना माँगने के लिए शोर करते हों तो फिर उनके जीवित बचे रहने की सम्भावना कितनी कम हो जायेगी। जबकि, पेड़ की ऊँची डाल पर या किसी चट्टान के ऐसे किनारों पर जहाँ पर शिकारियों के पहुँचने की सम्भावना कम हो, वहाँ पर चूजे इस तरह से ढेरों शोर मचा सकते हैं। लेकिन, हर किसी के पास यह सुविधा नहीं होती है। तो उसके लिए वह रास्ता भी निकालता है।

सोन चिरैया एक प्रीकोशियल पक्षी होता है। अण्डे से निकलते वक़्त भी यह काफ़ी हद तक विकसित होता है। कुछ ही देर में अपने पैरों पर खड़ा हो जाता है। लेकिन, इसका मतलब यह नहीं होता है कि देखभाल की उसे ज़रूरत नहीं है। सम गाँव में बने इस केन्द्र के अन्दर जाने से पहले मुझे ख़ुद को पूरी तरह से सैनिटाइज करना पड़ा। यहाँ पर अन्दर आने के लिए मुझे पूरी तरह से सैनिटाइज एक ड्रेस पहनने को दी गयी। कोहनियों से ऊपर तक मैंने अपने हाथों को साबुन से धोया और एक साफ़-सुथरे तौलिए से उसे पोंछा। अस्पतालों में किसी नर्स द्वारा पहनी जाने वाली यूनिफॉर्म जैसी उस ड्रेस को पहनकर मैं विशेषज्ञों के साथ अन्दर गया। यहाँ पर दो विशेषज्ञों से मेरी मुलाक़ात हुई। एक महिला और एक पुरुष। दोनों ही अपने कामों में माहिर और पूरी लगन से डूबे हुए थे।

अण्डे से निकलने वाले चूजों की शुरुआती देखभाल करने वाली विशेषज्ञ से मैंने पक्षी के चूजे की विशेषताओं के बारे में पूछा। वे बताती हैं कि अण्डे से निकलने के बाद वे सबसे पहले जिसे देखते हैं, उसे ही अपना अभिभावक जैसा समझने लगते हैं। अण्डे निकलने के बाद उन्हें विशेष प्रकार के तापमान और नमी वाले बॉक्स में रखा जाता है। यहाँ पर वे अपने पैरों पर खड़े होने लगती हैं और हल्का टहलने लगती हैं। लेकिन उन्हें हर समय अपने अभिभावकों की मौजूदगी अपने आसपास चाहिए होती है। पैदाइश के बाद उन्हें थोड़ा नम करके विशेष प्रकार से गोडावण के लिए तैयार भोज्य को खिलाया जाता है। चूजों के हाथ और पंख अच्छी तरह से काम करें इसलिए उन्हें हल्का-हल्का सहलाते हुए मालिश और कसरत भी करायी जाती है।

इससे उनके शरीर मज़बूत होते हैं। सन्तुलित आहार देने के चलते कुछ ही दिनों में वे आत्मविश्वास से भरे हो जाते हैं। जब बच्चे होते हैं तब वे बिना किसी हिचक के जिसे अपना अभिभावक समझते हैं, उसके पास आ जाते हैं, लेकिन जब बड़े होने लगते हैं तो धीरे-धीरे उनका क़रीब होना कम होने लगता है। वे दूर होने की कोशिश करने लगते हैं। यह काफ़ी कुछ अपने अभिभावकों के साथ उनके व्यवहार जैसा है। क्योंकि आमतौर पर बड़े होने के बाद पक्षी अपने अभिभावकों से अलग अपनी दुनिया बसाते हैं। मैंने देखा कि पक्षियों के पालन-पोषण और देखभाल से जुड़ी इन बातों को साझा करते समय उन विशेषज्ञ की भी आँखों में भी भावनाओं की चमक-सी दिखी।

मैं समझ गया। भावनाएँ कभी एकतरफ़ा नहीं रह जाती हैं। वे हमेशा ही दोतरफ़ा होने का रास्ता खोज लेती हैं। फिर मैं विशेषज्ञों के साथ केन्द्र में अलग-अलग बाड़ों में मौजूद सोन चिरैया को देखने गया। मेरी यूनिफॉर्म भी लगभग वैसी ही थी, जैसी कि वहाँ पर मौजूद अन्य लोगों की। लेकिन पक्षी ने उन सभी के बीच मुझे पहचान लिया। जैसे ही उसने मुझे देखा एक अजीब-सी आवाज़ 'बों' निकालकर वह चिहुँककर दूर चला गया। यह एक प्रकार की अलार्म काल थी, जो बाक़ी सभी को सचेत करने के लिए निकाली गयी थी। हालाँकि कुछ देर बाद पक्षी इस मौजूदगी का अभ्यस्त हो गया।

यहाँ पर मैंने उस कृत्रिम प्रजनन केन्द्र में वास्तविक तौर पर पैदा होने वाली दूसरी पीढ़ी के पहले चूजें का भी दीदार किया। इस चूजे के माता और

पिता दोनों ही वन क्षेत्र से लाये गये अण्डे से प्रजनन केन्द्र में पैदा हुए थे। उनके मिलन से पैदा होने वाला यह पहला चूजा है। इस केन्द्र में मैं क़रीब दो घण्टे रहा। इस पूरे दौरान हमारी बातचीत का केन्द्र सिर्फ़ और सिर्फ़ यह पक्षी ही रहा। इससे जुड़े तमाम पहलुओं पर चर्चा होती रही।

मरुभूमि की एक झलक मुझे मिल चुकी थी। सोन चिरैया से मेरा परिचय भी हो चुका था। अब बस एक तमन्ना थी कि उन्हें उनके प्राकृतिक पर्यावास में देखा जाये। लेकिन, ऐसा अभी होने की सम्भावना कम दिख रही थी। तो मैं सभी लोगों से विदा लेकर लौट आया।

उस समय शाम के चार बजे का वक़्त रहा होगा। धूप वैसी ही पीली और चमकीली दिख रही थी। दूर-दूर तक फैली मरुभूमि की ज़मीन वैसी ही पीली सुनहरी थी। लेकिन उसके बीच-बीच में छोटी छोटी झाड़ियाँ, सेवण घास और इक्का-दुक्का पेड़ दिख रहे थे। पीले-पीले रेतीले टीले दूर पीछे छूट चुके थे। मेरे सामने जैसलमेर शहर था। वह शहर जिसके ज़्यादातर घर पीतवर्णी पत्थरों से बनाये हुए थे जिन पर की गयी रंगरोगन भी उन्हें पीतवर्णी रूप देती है। सामने मुझे 'स्वर्ण नगरी में आपका स्वागत है' का बोर्ड भी दिखता है। इस पीतवर्णी शहर को स्वर्ण नगरी कहने का चलन है। पीले रेतीले टीले में जैसे स्वर्ण धूल बिखरी हो।

और इस स्वर्ण धूल वाली मरुभूमि में, इस स्वर्ण नगरी में मुझे सोने की चिड़िया, सोन चिरैया की पहली झलकियाँ मिलीं।

मैं शुक्रगुज़ार हुआ।

❑❑